Probst/Deussen/Eppler/Raub

Kompetenz-Management

Gilbert J. B. Probst/Arne Deussen/
Martin J. Eppler/Steffen P. Raub

Kompetenz-Management

Wie Individuen und Organisationen
Kompetenz entwickeln

Professor Dr. Gilbert J. B. Probst ist Inhaber des Lehrstuhls für Organisation und Management, Direktor des Executive MBA-Programms an der HEC, Universität Genf.

Dr. Arne Deussen ist Leiter Strategie und Controlling bei einem führenden Hersteller designorientierter Produkte für das Elektroinstallationshandwerk und Assistant Professor am AIT, Bangkok.

Dr. Martin J. Eppler ist Dozent an der Universität St. Gallen und leitet dort das Kompetenzzentrum Enterprise Knowledge Medium.

Dr. Steffen P. Raub ist Assistant Professor am Asian Institute of Technology (AIT) in Bangkok, Thailand und Lehrbeauftragter an der HEC Lausanne.

Die Deutsche Bibliothek – CIP-Einheitsaufnahme
Ein Titeldatensatz für diese Publikation ist bei Der Deutschen Bibliothek erhältlich.

1. Auflage September 2000

Alle Rechte vorbehalten

© Betriebswirtschaftlicher Verlag Dr. Th. Gabler GmbH, Wiesbaden, 2000
Lektorat: Ulrike Lörcher

Der Gabler Verlag ist ein Unternehmen der Fachverlagsgruppe BertelsmannSpringer.

Das Werk einschließlich aller seiner Teile ist urheberrechtlich geschützt. Jede Verwertung außerhalb der engen Grenzen des Urheberrechtsgesetzes ist ohne Zustimmung des Verlages unzulässig und strafbar. Das gilt insbesondere für Vervielfältigungen, Übersetzungen, Mikroverfilmungen und die Einspeicherung und Verarbeitung in elektronischen Systemen.

www.gabler.de

Höchste inhaltliche und technische Qualität unserer Produkte ist unser Ziel. Bei der Produktion und Verbreitung unserer Bücher wollen wir die Umwelt schonen. Dieses Buch ist auf säurefreiem und chlorfrei gebleichtem Papier gedruckt. Die Einschweißfolie besteht aus Polyäthylen und damit aus organischen Grundstoffen, die weder bei der Herstellung noch bei der Verbrennung Schadstoffe freisetzen.

Die Wiedergabe von Gebrauchsnamen, Handelsnamen, Warenbezeichnungen usw. in diesem Werk berechtigt auch ohne besondere Kennzeichnung nicht zu der Annahme, dass solche Namen im Sinne der Warenzeichen- und Markenschutz-Gesetzgebung als frei zu betrachten wären und daher von jedermann benutzt werden dürften.

Umschlaggestaltung: Ulrike Weigel, www.CorporateDesignGroup.de
Druck und buchbinderische Verarbeitung: Lengericher Handelsdruckerei, Lengerich
Printed in Germany

ISBN 3-409-11662-1

Vorwort

Kompetenz ist gefragt, beim Individuum, dem Unternehmen und ganzen Konzernen. Die klassischen Produktionsfaktoren "Arbeit" und "Kapital" ermöglichen heute selten mehr alleine wettbewerbsentscheidende Vorteile in Hochlohnländern. Kompetenz bedeutet Handlungs- und Problemlösungsfähigkeit und damit Fähigkeiten im Umgang mit Wissen. Kompetenz kann dabei durchaus als Überbegriff von Wissen, dem handlungsorientierten Interpretieren und Nutzen von Information, verstanden werden. Letztlich geht es darum zu verstehen, wie wir "Wissen über Wissen" und "Wissen über den Umgang mit Wissen" gewinnen.

Dieses Buch hat deshalb zum Ziel, Kompetenz auf verschiedenen Ebenen zu betrachten :

- Auf der individuellen Ebene die Kompetenz des einzelnen Managers, besonders in seinem Umgang mit Information
- Auf der organisationalen Ebene die kollektive Kompetenzbildung und -nutzung
- Auf der interorganisationale Ebene die Kompetenz im Unternehmensverbund, sprich in einer Holding, einer Unternehmensgruppe, oder generell in einem Netzwerk von Unternehmen

Diese Forschungsergebnisse, Gedanken und Anleitungen zu Kompetenz-Management sind eine natürliche Folge unserer langfristigen Tätigkeiten und Forschungsprojekte im Bereich "Lernende Organisationen" und "Wissensmanagement". In diesem Buch werden die Resultate mehrjähriger Forschungsarbeiten und Interventionen in Unternehmen zusammengefasst und mit Instrumenten und Handlungsregeln ergänzt. Ohne unsere Kontakte und ein fruchtbares Forschungsumfeld wäre dies nicht möglich gewesen. Wir danken daher den Partnerfirmen des Forums für Organisationales Lernen und Wissensmanagement, den Firmen, die für empirische Studien zur Verfügung standen und dem Schweizerischen Nationalfonds, der diesen Versuch der Erfassung des Phänomes Kompetenz grosszügig unterstützte.

Genf, Remscheid, St. Gallen und Bangkok, im Mai 2000   Die Autoren

Inhaltsverzeichnis

Vorwort 5

1. Einführung 13
   1.1 Kompetenz auf der Ebene von Individuum, Unternehmen und Unternehmensverbund 13

2. Individuelle Managementkompetenz und Persönliches Wissensmanagement 21
   2.1 Überblick 21
   2.2 Problemstellung und Zielsetzung 21
      2.2.1 Information Overload 22
      2.2.2 Managementprobleme im Umgang mit Information und Wissen 25
      2.2.3 Resultierende Problemtypen 28
   2.3 Ein Phasenmodell des Persönlichen Wissensmanagement 31
   2.4 Fallstudien 33
   2.5 Instrumente 39
      2.5.1 Instrumente zur Verbesserung des Zugangs zu Wissen ... 39
      2.5.2 Instrumente zur Unterstützung der Selektion und Bewertung 43
      2.5.3 Instrumente zur Unterstützung der Integration von neuem Wissen 44
      2.5.4 Instrumente zur Unterstützung der Entwicklung eigener Kompetenzen 49
   2.6 Prinzipien des persönlichen Wissensmanagements 51
   2.7 Fazit 53
   2.8 Zehn Leitfragen an das Management 54
   2.9 Anhang I: Überblick über bisherige empirische Studien zur Informationsbelastung im Management 56
   2.10 Anhang II: Selbsttest zum Persönlichen Wissensmanagement 61

3. Entwicklung und Management Organisationaler Kompetenz 69
   3.1 Problemstellung 69
   3.2 Organisationale Kompetenzen - Ein kurzer Überblick über den "state-of-the-art" 70

3.3 Entwicklung organisationaler Kompetenzen – Ein Prozessmodell 74
    3.3.1 Perspektiven und Fallstudie 74
    3.3.2 Ökologische Kompetenz: Die Intra-Projekt-Perspektive 80
    3.3.3 Ökologische Kompetenz: Die Inter-Projekt-Perspektive 82
    3.3.4 Die Intra-Projekt-Perspektive: Entwicklung "kollektiver Kompetenz" 85
    3.3.5 Die Inter-Projekt-Perspektive: Von "kollektiver" zu "organisationaler" Kompetenz 90

3.4 Instrumente zur Förderung der Entwicklung organisationaler Kompetenzen 94
    3.4.1 Die Emergenzphase – Wissensziele definieren 97
    3.4.2 Die Emergenzphase – Neues Wissen generieren 100
    3.4.3 Die Evaluationsphase – Wissensziele abgleichen 103
    3.4.4 Die Kollektivierungsphase – Wissen verteilen 103
    3.4.5 Die Akkumulationsphase – Wissen transferieren 105
    3.4.6 Die Integrationsphase – Wissen angleichen und verankern 106
    3.4.7 Die Stabilisierungsphase – Wissen bewahren 106

3.5 Fazit 110

3.6 Zehn Leitfragen an das Management 111

4. Kompetenzaufbau im Unternehmensverbund 117

4.1 Überblick und Aufbau 117

4.2 Strategisch-Ökonomische Gründe der Kooperation 119
    4.2.1 Verringerung des unternehmerischen Risikos 119
    4.2.2 Machtausübung gegenüber Marktpartnern 120
    4.2.3 Vorteile durch Größe: Economies of scale 121
    4.2.4 Aufbau von Wissen und Technologie 124

4.3 Zahlt Kooperation sich aus? 131

4.4 Die Rahmenbedingungen des Kompetenzaufbaus: Kommunikationsnetzwerke und "stabile" Verbindungen 135

4.5 Steuerungsmöglichkeiten des Kompetenzaufbaus 141
    4.5.1 Anreiz- und Informationssysteme 144
    4.5.2 Management Development 146
    4.5.3 "Kulturelle" Komponenten der Kooperation 149

4.6 Zusammenfassung 152

4.7 Zehn Leitfragen an das Management: 153

5. **Kompetenz und Kompetenzförderung durch (zukünftige) Führungskräfte** **159**

    5.1   Mobilisierung kollektiven Wissens 160

    5.2   Networking 163

    5.3   Portfolio Work 164

    5.4   Konzeptualisieren und Vernetzt Denken 165

    5.5   Unternehmerische Innovation 166

Autorenprofil 169

Literaturhinweise 171

Erstes Kapitel

Einführung

1. Einführung

1.1 Kompetenz auf der Ebene von Individuum, Unternehmen und Unternehmensverbund

Was genau verbirgt sich hinter dem Begriff Kompetenz? Und wie – wenn denn überhaupt – kann man Kompetenz managen? Die e-Business-Berater der Delphi Group definieren Kompetenzmanagement als die Fähigkeit, die kontinuierliche Entstehung von neuen Ideen, Produkten und Dienstleistungen durch den systematischen Einsatz von Wissensmanagement zu fördern (http://www.delphigroup.com). Diese Definition könnte Pate für das vorliegende Buch gestanden haben. Unser zentrales Anliegen ist es, ein klares Verständnis für die Bedeutung von Kompetenzen auf verschiedenen Ebenen zu schaffen. Bei der Frage, wie man den Aufbau von Kompetenz gezielt unterstützen kann, kommt man jedoch an den Instrumenten des Wissensmanagements nicht vorbei.

Der Ursprung des Kompetenzgedankens ist in den neuen Herausforderungen der Wissensökonomie zu finden. Wettbewerbsvorteile entstehen immer seltener auf der Basis der klassischen Produktionsfaktoren Arbeit und Kapital. Die weltweiten Bestände an Information und Wissen wachsen explosionsartig. Der E-business-Boom revolutioniert die Spielregeln des Wettbewerbs in den meisten Industrien. Diesen rapiden Wandel gilt es zu meistern und in eigene Wettbewerbsvorteile umzumünzen. Was Unternehmen hierzu benötigen ist Handlungs- und Problemlösungsfähigkeit, einen besseren Umgang mit Information und Wissen, in einem Wort: Kompetenz.

Kompetente Unternehmen generieren Wettbewerbsvorteile auf mehreren Ebenen:

- Auf der individuellen Ebene durch die Kompetenz des einzelnen Managers, der in der Lage sein muß, sich in einem immer komplexeren Wissensumfeld zu orientieren und mit Information systematisch umzugehen.
- Auf der organisationalen Ebene durch die Vernetzung individueller Fähigkeiten zu einem Bündel organisationaler Kompetenzen.
- Auf der interorganisationalen Ebene durch die Integration verschiedener Unternehmensteile und die Förderung von Kooperation im Unternehmensverbund.

Zwischen diesen drei Ebenen des Kompetenzmanagements bestehen fliessende Übergänge. Kompetente Wissensarbeiter bilden die Grundlage von Wettbewerbserfolgen in der Wissensökonomie. Die Verbindung von individuellen Fähigkeiten zu organisationalen Kompetenzen erlaubt koordiniertes organisationales Handeln und schützt gleichzeitig Wettbewerbsvorteile vor schneller Imitation durch Konkurrenten.

Die Koordination und Integration auf der interorganisationalen Ebene ermöglicht es schließlich, organisationale Kompetenz zu transferieren und auf breiter Front zu nutzen.

Die Gliederung unseres Buches reflektiert die oben beschriebenen Ebenen des Kompetenzmanagements. Wir beginnen damit, die Handlungsmöglichkeiten und Problemfelder des Wissensmanagments aus der Sicht des einzelnen – hier der Individuen, die in der Wissensarbeit besonders gefordert sind – zu untersuchen. Damit Kompetenz auf individueller Ebene aufgebaut werden kann, bedarf es der Fähigkeit, den effizienten Zugang zu Information und Wissen (z.B. in Form von Experten) zu schaffen, entscheidungsrelevante Informationen selektionieren und in das eigene Wissen integrieren zu können und selber strategische Kenntnisse und Fähigkeiten aufzubauen. Im Zentrum unserer Forschung stand dabei sehr schnell die Frage des Information Overload, denn der Umgang mit der Information erweist sich als Angelpunkt für Kompetenz. Denn ein Hauptproblem des Wissensmanagement auf der persönlichen Ebene besteht in der Aktualisierung und Erweiterung des eigenen Wissens, wobei fortlaufend grössere Informationsmengen absorbiert und integriert werden müssen. Die zur Beurteilung und Entscheidungsfindung notwendige Informationsbasis wird zunehmend grösser und dynamischer und wirkt oft paralysierend auf die Entscheidungsprozesse im Management. Im Kapitel 2 wird daher auf eine Studie bei Schweizer Kaderleuten zurückgegriffen, die aufzeigt, wie die einzelnen Entscheidungsträger die Informationsflut zu bewältigen versuchen, um das eigene Wissen immer wieder zu aktualisieren und Kompetenz aufzubauen. Verschiedene Methoden werden dabei vorgestellt und diskutiert (vgl. Eppler 1998). Es zeigt sich klar, dass Lösungsstrategien gegen den Informationsinfarkt und für einen geeigneten Kompetenzaufbau auf verschiedenen Ebenen ansetzen können und müssen:

Auf der individuellen Ebene: Der Manager muss seine Kompetenz im Umgang mit Information steigern, indem er bewusst Techniken und Instrumente der persönlichen Informationsarbeit einsetzt.

-Auf der gemeinsamen Verhaltensebene (Gruppenebene): Managementteams müssen vermehrt auf die Qualität der generierten Informationen achten und die gegenseitige Abstimmung besser koordinieren.

- Auf der Organisationsebene: Die Organisation als ganzes muss Massnahmen erlassen, um die Informationsflut für die Führungskraft zu reduzieren (z.B. durch Kommunikationsstandards).

Auf der nächsthöheren Ebene des gesamten Unternehmens untersuchen wir die Prozesse, die zur Entstehung organisationaler Kompetenzen führen. Organisationale Kompetenzen zeichnen sich durch zwei wesentliche Eigenschaften aus. *Organisationale Komplexität* ist ein Resultat langfristiger Lern- und Akkumulationsprozesse. *Wettbewerbsrelevanz* macht organisationale Kompetenzen zur Grundlage (dauerhafter) Wettbewerbsvorteile. Die simultane Förderung dieser beiden Eigenschaften ist ein Kernproblem bei der Entstehung organisationaler Kompetenzen, da beide tendenziell widersprüchliche

Anforderungen an ein kompetenzorientiertes Management stellen. Organisationale Komplexität erfordert ein möglichst langfristige Investition, welche den Aufbau von individuellen und kollektiven Fähigkeiten in einem bestimmten Bereich und deren anschließende Verknüpfung gestattet. Wettbewerbliche Relevanz erfordert dagegen tendenziell eine flexible Anpassung organisationaler Kompetenz an die sich immer schneller wandelnden Herausforderungen dynamischer Wettbewerbsumfelder (vgl. Raub 1998a).

Im Rahmen einer empirischen Studie gehen wir der Frage nach, wie Unternehmen die Entwicklung eines Portfolios von Kompetenzen steuern können. In Kapitel 3 schlagen wir ein aus sechs Phasen bestehendes Modell des Aufbaus organisationaler Kompetenzen vor, welches diesen Anforderungen gerecht wird. Projekte sind dabei die zentrale Analyseeinheit. Die Phasen eins bis drei des Modelles beschreiben die Entwicklung innerhalb von Projekten. Sie umfassen die Entstehung neuer Projekte, ihre Evaluierung durch das Top Management sowie ihre Erweiterung über mehrere Funktionen und Organisationseinheiten. Die Phasen vier bis sechs beschreiben Entwicklungen zwischen Projekten. Dies betrifft die parallele Entwicklung mehrerer Projekte, die Integration verschiedener Projekte zu einer organisationalen Kompetenz, sowie die Sicherung bestehender Kompetenzen.

Das Modell wird anhand einer Fallstudie in der Schweizerischen Einzelhandelsindustrie näher beschrieben. Es geht dabei um die Entwicklung einer ökologischen Kompetenz, die als Resultat verschiedener strategischer Projekte über einen Zeitraum von 20 Jahren hinweg enstanden ist. Die Fallstudie beschreibt, wie strategische Projekte Kompetenzen in gewissen Teilbereichen des ökologieorientierten Detailhandels aufbauen. Durch Lernprozesse zwischen den verschiedenen Projekten sowie strukturelle Integration der verschiedenen Aktivitäten gelang es, die in den verschiedenen Projekten erworbenen Erfahrungen zu einer organisationalen Kompetenz zu integrieren.

Das eingangs erwähnte Dilemma des Kompetenzaufbaus wird dadurch erhellt und differenzierter betrachtet. Die Verfolgung strategischer Projekte in verschiedenen Bereichen erlaubte den zur Erzielung organisationaler Kompetenz erforderlichen langfristigen Wissensaufbau. Durch modulare Zusammensetzung der verschiedenen Projekte, die eine Verschiebung inhaltlicher Akzente über die Zeit gestattete, gelang es dennoch, den wechselnden Rahmenbedingungen des Wettbewerbs Rechnung zu tragen. Lernprozesse zwischen Projekten und Sicherungsmaßnahmen bestehender Kompetenz erlaubten darüber hinaus die Sicherung bestehenden Wissens in der Organisation trotz Schwerpunktverschiebungen in der jeweiligen strategischen Ausrichtung.

Aus einer wisssensbasierten Perspektive betrachtet illustrieren das Modell und die Fallstudie die besondere Bedeutung von sechs "Metakompetenzen", die eine Organisation beim Aufbau organisationaler Kompetenz meistern sollte. Hierbei handelt es sich um die Elemente Innovations-, Selektions-, Unterstützungs-, Kombinations-, Bewahrungs- und Erneuerungskompetenz. Durch unterschiedliche Maßnahmen des Wissensmanagements ist es möglich, diese einzelnen Kompetenzen gezielt zu unterstützen (vgl. Probst/ Raub/ Romhardt 1997).

Immer mehr Unternehmen richten sich kundennah aus und etablieren in diesem Rahmen weitgehend eigenständige, flexible Strukturen. Diese heissen "Strategische Geschäftseinheiten", Profitcenter oder sind rechtlich selbständige Unternehmen unter dem Dach einer Holding. Damit entsteht ==eine neue systemische Ebene, die wir interorganisationale Ebene nennen.== Durch zunehmende Bestrebungen von Unternehmen, in (rechtlich) selbstständigen Einheiten zu operieren, ergeben sich Probleme in der Koordination dieser Aktivitäten bei gleichzeitiger Wahrung der Autonomie. Solche Verbundsysteme von Unternehmen definieren sich als Konzernorganisation, Holdinggesellschaft, Unternehmensgruppe oder Strategisches Netzwerk. Wird mit einem vollkommen fremden Partner (d.h. ohne gemeinsamen Anteilseigner) zusammengearbeitet, spricht man von strategischer Allianz oder Joint Ventures (vgl. Büchel et al 1998). Auch in diesem Fall handelt es sich aber um einen Unternehmensverbund. Wenn unternehmensweite Kompetenzen aufgebaut und vorangetrieben werden sollen, erfordert dies eine gesamthafte Strategie zum Kompetenzaufbau. Im Rahmen der interorganisationalen Ebene wurde anhand einer konkreten Holdingunternehmung und weiteren Fällen von Unternehmensverbundsystemen der kooperative Kontext untersucht. Dieser Teil erlaubt damit ein besseres Verständnis der kompetenzorientierten Strategien, Strukturen, Prozesse, kulturellen Rahmenbedingungen und notwendigen Systeme. Konkrete Werkzeuge und Praktiken für das Kooperationsmanagement werden aufgezeigt. Ein wichtiges Fazit dieses Teils ist die besondere Beachtung kutureller Integrationsmechanismen. Diese erlauben es, vor dem Hintergrund des "Faktor Wissens" beim Kompetenzaufbau die erforderlichen persönlichen Kontakte besser zu verstehen und zu nutzen und mindern durch Bildung einer Makrokultur Zentrifugaltendenzen.

Wir unterscheiden zwischen "relationalen" und "strukturellen" Kooperationsfaktoren. Eine Bewertung der relationalen Kooperationsfaktoren mit dem "Primat der weichen Faktoren" konnte im Holdingkontext empirisch belegt werden (vgl. Deussen 1999). Im Bereich der strukturellen Kooperationsfaktoren wurde nicht nur eine weitgehend universelle Analysemethode verwendet - und hier ebenfalls dargestellt -, sondern es gelang auch, strukturelle Rahmenbedingungen der Kooperation (beispielsweise eine ==Tendenz zu national homogenen Gruppen== bei geringerer Bedeutung eines "Expertenaustauschs") am Beispiel zu belegen. Weiterhin zeigen die Forschungsergebnisse einen Bereich auf, der in bisherigen Studien zu interner Wissensteilung und Kooperation vernachlässigt worden ist, nämlich die Ergänzung motivationaler und wissenbezogener Konstrukte durch strukturelle Faktoren. Aehnlichkeit bzw. ausgewogene interne Machtverhältnisse können beispielsweise wichtige Grundlagen der Zusammenarbeit darstellen.

Durch diese analytische und empirische Auseinandersetzung mit Kompetenz auf den drei Ebenen Individuum, Organisation und Organisationsverbund soll es den Lesern schliesslich ermöglicht werden, die eigene Situation kritisch zu überdenken, eigene Probleme besser zu strukturieren und Lösungsansätze für die eigene Organisation mit den vorgestellten Methoden und Instrumenten zu unterstützen. Um diesen Anwendungs- bzw. Transferprozess zu unterstützen, schliessen wir jedes Kapitel dieses Buches mit zehn Leitfragen, welche es ermöglichen, die Kernpunkte des jeweiligen Kapitels auf die eigene Situation anzuwenden. Das Buch schliesst dann mit der Frage der Anforderungen und Aufgaben der Führungskräfte um zukünftige "Skills" oder Fähigkeiten aufzubauen und zu fördern.

Zweites Kapitel

Individuelle Managementkompetenz und Persönliches Wissensmanagement

2. Individuelle Managementkompetenz und Persönliches Wissensmanagement

2.1 Überblick

In diesem Buch sollen unterschiedliche Aspekte des Managements aus der Kompetenzperspektive betrachtet werden. Der erste Teil konzentriert sich dabei auf die *individuellen* Aspekte, das heisst auf die Kompetenz des einzelnen Managers im Umgang mit Information und dem eigenen Wissen.

Um das persönliche Wissensmanagement in der Unternehmensführung zu untersuchen, wird zunächst der Kontext für die individuelle Informationsverarbeitung und Wissensentwicklung rekonstruiert, d.h. es werden einige zentrale *Probleme* von Managern im Umgang mit Wissen vor dem Hintergrund der zunehmenden Informationsflut diskutiert. Dazu werden die Resultate bisheriger Studien zusammengefasst und eigene empirische Resultate präsentiert. Darauf aufbauend wird ein Modell von Informationsproblemen, sowie ein *Phasenmodell* des persönlichen Wissensmanagements vorgestellt und anhand von *Fallbeispielen* illustriert. Weiter werden einige mögliche *Instrumente* und *Prinzipien* für den Umgang mit Wissen vorgeschlagen, die auf dem Phasenmodell aufbauen. Das Kapitel schliesst mit einem Ausblick und zeigt zukünftige Forschungsfragen, sowie Konsequenzen für die unternehmerische Praxis auf. Zum letzten Punkt – der praktischen Relevanz – werden zudem zum Schluss zehn *Leitfragen* für Manager formuliert und ein *Selbsttest* bietet im Anhang des Kapitels die Möglichkeit zu einer ersten Analyse der eigenen Situation.

2.2 Problemstellung und Zielsetzung

Wissensmanagement und kompetenzorientiertes Management generell beginnen beim einzelnen Manager. Ohne den systematischen Umgang mit dem *eigenen* Wissen, den eigenen Fähigkeiten, kann auch die ausgefeilteste Wissensmanagement-Strategie nicht funktionieren. Denn wird Wissen generell als strategischer Wettbewerbsfaktor verstanden, so ist auch die Bewirtschaftung des eigenen Wissens ein wichtiger Bestandteil der Managementaufgaben und Teil der beruflichen Laufbahnplanung und professionellen Kompetenzentwicklung.

Die Zielsetzung des persönlichen Wissensmanagements besteht dabei darin, den *Zugang* zu wichtigem Wissen (Experten, neuen Fertigkeiten etc.) zu gewährleisten, die zeitgerechte *Selektion* (und somit Bewertung) von kritischem Wissen zu gewährleisten, neues Material schneller erlernen und anwenden zu können (also die *Integration* von neuem Wissen zu unterstützen) und das eigene Wissensportfolio strategisch *weiterzuentwickeln* (aufgrund der eigenen Fähigkeiten und den zukünftigen Anforderungen). Diese (normativen) Phasen sind vor dem Hintergrund einer zunehmenden Informationsflut, einer sinkenden Halbwertszeit von Wissensbeständen, sowie einer fortschreitenden Spezialisierung und Globalisierung von Wissensmärkten zu sehen.[1] Von diesen vier "Wissens-Megatrends" soll dem ersten in der Folge spezielle Aufmerksamkeit geschenkt werden, bevor die konkreten Probleme von Managern im Umgang mit Information exemplarisch vorgestellt werden.

2.2.1 Information Overload

"Mittel gegen den Informationsstress", "So überleben Sie die Informationshölle", "E-mail Flut in den Chefetagen"- dies sind einige Beispiele aus der jüngsten Managementpresse, die illustrieren, welches Ausmass die Informationsflut im Management angenommen hat. Mit dem englischen Ausdruck "Information Overload" werden generell Situationen beschrieben, in denen der oder die einzelne nicht mehr in der Lage ist, die Menge an empfangener Information sinnvoll zu nutzen. Die Entscheidungsqualität nimmt in der Folge trotz (oder eben gerade wegen) zunehmender Information ab. Dieses Phänomen konnte in vielen Situationen empirisch nachgewiesen werden.[2] Die folgende Abbildung illustriert diesen Sachverhalt. Sie zeigt, dass ein Manager ab einer bestimmten Menge an Informationen, welche er als Entscheidungsgrundlage hinzuzieht, nicht mehr in der Lage ist seine Entscheidungsqualität zu verbessern. Im Gegenteil, diese nimmt ab einer bestimmten Menge an einbezogenen Informationen rapide ab. Dies vor allem wegen den dann eintretenden *Vereinfachungsstrategien*, welche dazu führen, dass er die Informationsbasis nicht mehr objektiv bewertet oder in den Entscheidungsprozess einbezieht. Beispiele von Vereinfachungsstrategien, welche bei Information Overload auftreten, sind das sogenannte Queing (die Verbannung von neuen Informationen in eine Warteschlaufe), die Verharrung beim Status-quo oder der Ausgangslage, sowie die Überbewertung der zuletzt betrachteten Information.[3] Der Punkt, an dem diese

---

[1] Ausführlichere Diskussionen zu diesen Wissenstrends finden sich bei Romhardt (1998), Probst, Raub, Romhardt (1997), Thommen (1995), Walter-Busch (1977) und Nagel, K. (1990).

[2] Vgl. beispielsweise O'Reilly (1980), Schick, A.G., Gordon, L.A. und Haka, S (1990), Iselin, E.R. (1988), Chewning, E. G. & Harrell, A.M. (1990) und genereller bereits bei Ackoff, R.L. (1967).

[3] Vgl. Shenk (1997).

Vereinfachungsfehler eintreten, kann jedoch durch verschiedene Massnahmen (seitens der Informations-Sender und -Empfänger) hinausgezögert respektive nach rechts verschoben werden. Derartige Massnahmen werden in den Abschnitten zu Instrumenten und Prinzipien des persönlichen Wissensmanagements näher betrachtet. Es handelt sich dabei empfängerseitig vor allem um Selektions- und Triage-, sowie Aggregations- und Filtertaktiken

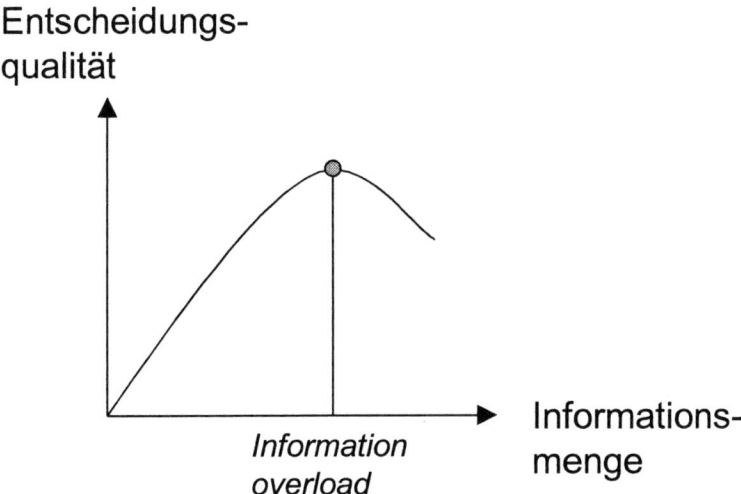

Abbildung 1: Information Overload als Grenze der Informationsaufnahme und -verarbeitung

Dass die Informationsflut seit langem ein wesentliches Managementproblem ist, zeigen auch die im Anhang des Kapitel 1 aufgeführten empirischen Studien eindrücklich auf. Die Tabelle im Anhang fasst die wesentlichen Resultate von neun Studien zusammen, welche zeigen, dass die Informationsflut bzw. Information Overload gerade in der jüngsten Zeit zu einem dominanten Managementproblem geworden ist. Abbildung 2 fasst die wichtigsten Gründe, Symptome und deren Konsequenzen von Information Overload zusammen.

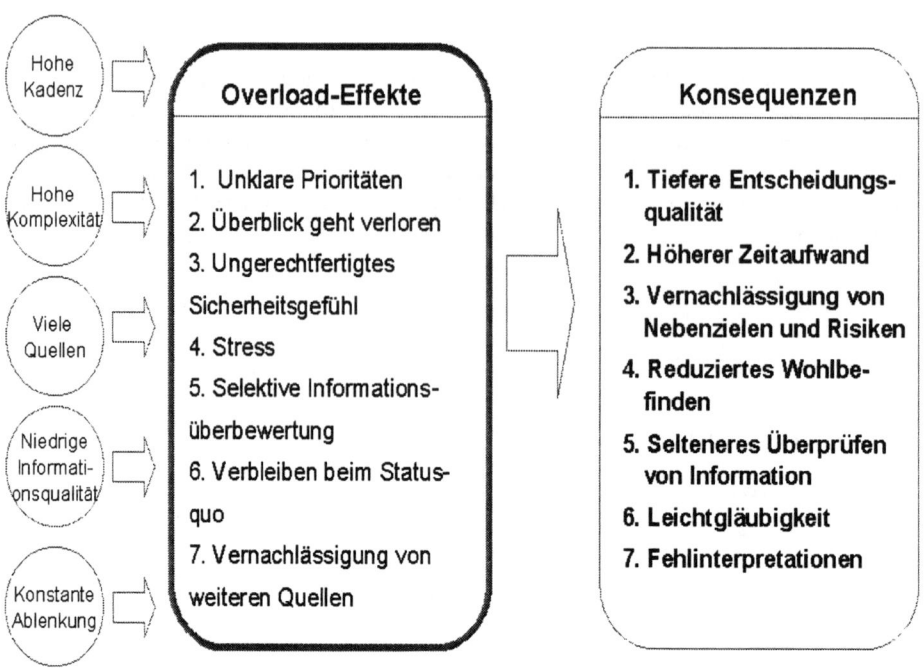

Abbildung 2: Overload Gründe, Effekte und Konsequenzen

Abbildung 2 zeigt, dass die Kombination von fünf Gründen zu Information Overload führen kann, namentlich die hohe Kadenz (Abfolge) und Komplexität der zu verarbeitenden Informationen, die parallele Informationsbeschaffung in vielen verschiedenen Quellen, welche mit unterschiedlichen Qualitätsniveaus arbeiten, und eine konstante Ablenkung durch Nebenaktivitäten, Geräusche oder Unterbrechungen. Diese Faktoren können dazu führen, dass wichtige Prioritäten unterbewertet werden (z.B. dass dringende Dinge zu Lasten der wirklich wichtigen Aufgaben behandelt werden), dass man sich in den Details verliert, sich in einer Scheinsicherheit wähnt weil viele Informationen verfügbar sind, oder dass akuter Stress entsteht. Weitere mögliche Effekte sind die Überbewertung gewisser Informationen (aufgrund derer Gestaltung, Erhältlichkeit oder weil sie den Status-quo oder die eigene Meinung bestätigen) und die Vernachlässigung weiterer Quellen (z.B. die Vernachlässigung von kostenpflichtigen Informationsdiensten bei der Recherche auf dem Internet). Diese Effekte führen zu einer tieferen Entscheidungsqualität, d.h. man entscheidet sich nicht mehr für die objektiv richtige Alternative oder Option, sondern basiert auf beliebigen Kriterien. Eine weitere Konsequenz derartiger Symptome ist beispielsweise auch das vermehrte Aktenstudium zu Hause und übers Wochenende (höherer Zeitaufwand). Um diesen Mehraufwand an Informationsarbeit zu reduzieren, wird Information in der Folge seltener überprüft oder nachevaluiert und schneller gesichtet, was zu Fehlinterpretationen oder zur Vernachlässigung von Nebenzielen oder Risiken führen kann. Die Kombination der verschiedenen Symptome schliesslich kann sich, wie bereits nachgewiesen werden konnte, negativ auf das Wohlbefinden und die Gesundheit auswirken.

Vor dem Hintergrund der zunehmenden Informationsflut und dem resultierenden Information Overload, werden für die Geschäftsführung die folgenden (wie zu zeigen sein wird) **Fragestellungen** zentral:

1. Wie kann sich ein Manager trotz der grossen Menge an Information den *Zugang* zu qualitativ hochwertigen Wissensquellen sichern?
2. Wie kann er Wissensquellen effizient *auswählen* und bewerten? Dass heisst, wie kann in der grossen Quantität Qualität gefunden werden?
3. Wie kann das identifizierte Wissen in die eigene Wissensbasis *integriert* und somit anwendbar werden?
4. Wie können die eigenen Fähigkeiten jenseits des intensiven Tagesgeschäftes strategisch hinterfragt und *weiterentwickelt* werden?

Die Informationsflut akzentuiert somit die Notwendigkeit einer vertieften Auseinandersetzung mit den eigenen Kompetenzen und dem eigenen Umgang mit Information. Dies vor allem deswegen, weil die eigenen Fähigkeiten schneller obsolet werden und die Informationslast des Tagesgeschäftes die systematische Reflexion über das eigene Wissensprofil erschweren. Welche Probleme sich daraus *konkret* ergeben betrachten wir im nächsten Abschnitt.

2.2.2 Managementprobleme im Umgang mit Information und Wissen

Basierend auf jeweils ein- bis zweistündigen ethnographischen Interviews[4] konnten die häufigsten Probleme im Umgang mit Information und dem eigenen Wissen bei Managern des mittleren und oberen Kaders in der Schweiz identifiziert werden.[5] Exemplarisch sollen im folgenden fünf der insgesamt 26 befragten Manager und deren Probleme kurz aufgeführt werden.

---

[4] Zur Methodik der ethnographischen Interviews vgl. Spradley (1979).
[5] Die Befragungen fanden vom November 1997 bis zum Juli 1998 statt. Die vollständige Auswertung der Befragungen sind in Eppler (1998) dokumentiert.

FALLBEISPIELE

Der Personalchef einer grossen Universalbank

Der erste Manager ist Leiter des Bereiches Human Resources für den Privatkundenbereich einer grossen Universalbank. Er ist seit einiger Zeit in dieser Stellung und verfügt somit über reichlich Erfahrung auf seinem Gebiet.

Er beklagte vor allem die folgenden Probleme im Umgang mit Information und seiner Wissensgewinnung daraus:

- Die Menge und Frequenz an E-mails, die es zu lesen und zu beantworten gilt.
- Die Menge und Frequenz an Berichten und Memos, welches es zu lesen und zu kommentieren gilt.
- Rechtzeitig auf verschiedene Anfragen reagieren.
- Mit ständigen Unterbrechungen fertig werden und sich trotzdem auf die Wissensarbeit konzentrieren.
- Eine grosse Menge an parallel laufenden Projekten überschauen und koordinieren.
- Den Dokumentationspflichten nachkommen und die Schreibarbeit rechtzeitig und qualitativ hochstehend erledigen.
- Wichtige Informationen aus der Menge an unwichtigen herausfiltern (z.B. in den Medien).

Der Informatikdirektor einer internationalen Versicherungsgruppe

Der zweite Manager ist Informatikleiter in einer grossen, weltweit tätigen Allfinanzgruppe und dort für verschiedene internationale Spezialprojekte verantwortlich. Seine vordringlichsten Informationsprobleme fasst er wie folgt zusammen:

- Den Überblick über verschiedene Spezialthemen behalten. D.h. in der Menge von Details das Gesamtbild nicht aus den Augen verlieren und die grossen Zusammenhänge erkennen.
- Verschiedene Expertenmeinungen interpretieren, gegenseitig abwägen und sich daraus eine eigene Meinung bilden.
- Mit dem Informationsspektrum fertig werden, d.h. mit einer sehr breiten Palette von Informationen zu Recht kommen.
- Zukünftige Trends und schwache, zweideutige Signale richtig einschätzen und in den Planungsprozess einbeziehen.

Die Leiterin einer Stabstelle im Gesundheitswesen

Die dritte Managerin leitet den Managementstab in einem grossen Schweizer Krankenhaus. Auch sie hat einige Jahre Berufserfahrung auf diesem Gebiet. Ihre Probleme im Umgang mit Information und dem eigenen Wissen sind vor allem die folgenden:

- Die unzureichende Struktur und der schwierige Stil vieler Berichte, die sie erhält.
- Keine vertieften Einblicke in eine Materie gewinnen können. Wegen dem ständigen Zeitruck nur an der Oberfläche eines Themas verhaftet bleiben.
- Schwierigkeiten, strategisch zu denken bei der täglich eintreffenden Informationslast.
- Langfristig Kompetenzen aufzubauen ist für sie bei häufig wechselnden Aufgaben schwierig.

Die Marketingleiterin einer grossen Finanzinformations-Unternehmung

Die vierte Managerin ist Mitglied der Geschäftsleitung und nationale Marketingdirektorin eines internationalen Finanzinformationskonzernes. Sie beklagte vor allem die folgenden Probleme:

- Die steigende Kommunikationsintensität mit Kunden und deren abnehmende Geduld (eine e-mail muss innerhalb von 24 Stunden beantwortet sein).
- Die aufwendigen Koordinations- und Kommunikationsaufgaben für die direkt unterstellten Mitarbeiter, vor allem bei einer regen Geschäftsreisetätigkeit.
- Das ‚Adam und Eva Problem': Es entsteht dadurch, dass viele Mitarbeiter viel zu umfangreich kommunizieren und sich nicht auf das wesentliche konzentrieren, sondern jeweils die ganze Vorgeschichte eines Problems aufrollen.
- Mit den starken Interdependenzen richtig umgehen: d.h. die richtigen Leute informieren oder konsultieren; wissen, wen man wann kontaktiert.
- Das Neuigkeitsproblem: es besteht daraus, schnell neue Sachverhalte beurteilen zu können oder sich rasch in eine neue Thematik einlesen zu können (wie z.B. das Jahr 2000 Problem, ein neues Finanzprodukt, den Euro, etc.).

Der Finanzdirektor eines Medienkonzerns

Der letzte Manager, dessen Probleme hier beispielhaft wiedergegeben werden, ist Chief Financial Officer einer grossen Mediengruppe. Auch er ist seit längerem in dieser Position. Er leidet nach eigenen Angaben nicht stark unter der Informationsflut, die folgenden Probleme machen ihm jedoch trotzdem oft zu schaffen:

- Mit der Menge an unaufgefordertem Informationsmaterial richtig umgehen (schnell selegieren und filtern können).

- Die Mitarbeiter dazu bringen, nur dichte bzw. kompakte Informationen zu liefern.
- Ungenaue oder unklare Informationen richtig interpretieren, vor allem wenn diese die Zukunft betreffen.
- Den raschen Wandel in vielen Bereichen bewältigen.
- Möglichkeiten finden, über die eigene Arbeitsweise nachzudenken und eigene Defizite zu erkennen.

2.2.3 Resultierende Problemtypen

Die von den Managern erwähnten Informationsprobleme können anhand zweier Dimensionen gegliedert werden: anhand der *Form*, in der die Informationen auf den Manager eintreffen und anhand der *Aktivitäten*, welche sie vom Manager erfordern.

Eine Gliederung nach Informationsformen ergibt folgende Kategorisierung der Managementprobleme:

1. Probleme im Umgang mit *papierbasierter* Information (Berichte, Zeitungsartikel, Memos etc.)
2. Probleme im Umgang mit *elektronischer* Information (e-mail, Intranet, Internet, Organisation der eigenen Dokumente auf dem PC)
3. Probleme im Umgang mit *persönlich kommunizierter* Information (z.B. Unterbrechungen vermeiden, Expertenmeinungen einschätzen)

Zu diesen drei Formaten muss ein effizienter Zugang bestehen, eine rasche Selektion, und eine gründliche Integration in bestehendes Wissen (im Sinne von Bewertung und Anwendung der neuen Kenntnisse).

Eine Gliederung nach Tätigkeiten ergibt das folgende Bild an Informationsproblemen:

1. Die korrekte *Interpretation* von Information (Relevanz, Wichtigkeit, etc.)
2. Die adäquate *Repräsentation* oder Darstellung von Information (Verdichtung, Explizierung, Strukturierung)
3. Die rasche *Koordination* oder Allokation von Information (Weiterleitung, Anwendung auf Probleme, Kontaktaufnahme)

Aufgrund dieser Kategorisierungen kann Wissensarbeit im Management verstanden werden als die Interpretation, Repräsentation und Koordination (bzw. Anwendung oder Weiterleitung) von papierbasierter, elektronischer und persönlich kommunizierter Information.[6] Die Schwere der genannten Probleme in diesen Bereichen scheint dabei abhängig zu sein von der Komplexität und Dynamik einer Branche (Umfeldkomplexität), der Aufgabenbreite eines Managers (Entscheidungsvarietät), und

---

[6] Für eine vergleichbare Definition siehe Davenport, Jarvenpaa, Beers (1996).

der Dokumentationsintensität in seiner Organisation (d.h. die Anforderungen an die schriftliche Fixierung von Entscheiden).[7] Das folgende einfache Modell beschreibt diese Sichtweise.

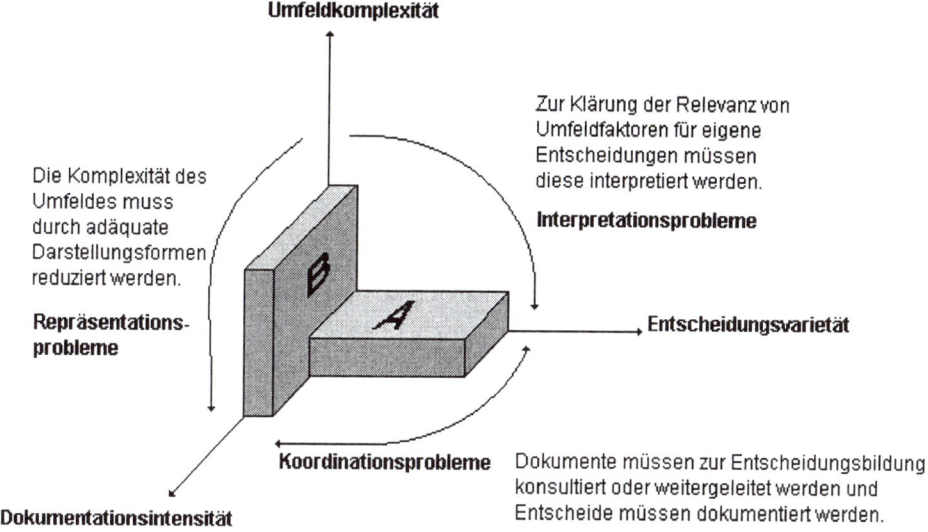

Abbildung 3: Ein einfaches Modell zentraler Informationsprobleme im Management

Das Modell zeigt, dass die drei identifizierten Grundprobleme (Interpretation, Repräsentation und Koordination) jeweils von zwei der drei Einflussfaktoren (Umfeldkomplexiät, Entscheidungsvarietät und Dokumentationsintensität) direkt abhängig sind. Das Modell zeigt zudem, dass in diesen Achsen unterschiedliche Wissensarbeitstypen abgebildet werden können. Der horizontale Block A in der Abbildung repräsentiert in diesem Sinne Generalistenwissen, da die betrachtete Umfeldkomplexität (auf dem entsprechenden Wissensgebiet) relativ niedrig, die Entscheidungsvarietät jedoch relativ hoch liegt. Entsprechend ausgeprägt sind beim Generalisten Koordinationsprobleme (d.h. er wendet viel Zeit für die Koordination von Informationen und Entscheiden auf). Spezialistenwissen wird in dem aufgeführten Modell als vertikaler Block eingetragen, bei dem die Werte für Umfeldkomplexität und Dokumentationsintensität relativ hoch liegen, die Entscheidungsvarietät jedoch relativ niedrig liegt (vgl. Block B). Dementsprechend kämpft der Spezialist eher mit Repräsentationsproblemen, d.h. mit der Problematik, wie er die hohe Komplexität seines Spezialistengebietes für die Organisation darstellbar und verfügbar machen kann.

---

[7] Zur Validität dieser Korrelation vgl. Eppler (1998)

Das aufgeführte Modell erlaubt eine erste konzeptionelle Vereinfachung der Probleme im Umgang mit Information. Ein weitere Problemtyp, welcher sich der aufgeführten Kategorisierung widersetzt, betrifft die Entwicklung der eigenen Kompetenzen, welche die Manager oft als problematisch einstuften. Hier ergab sich ein klares Defizit: von den befragten Managern hatten die wenigsten eine klare Vorstellung davon, wie sie in den nächsten Monaten und Jahren ihre Kompetenzen gezielt entwickeln können. Generell schien die Auseinandersetzung mit der Zukunft aufgrund des intensiven Tagesgeschäftes zu kurz zu kommen. Einer der befragten Direktoren formulierte dies wie folgt: "Wir wissen eigentlich, was wir wissen müssten, aber ohne konkreten Druck greifen wir es einfach nicht auf." Diese Problematik stellt den dynamischen Aspekt der Wissensarbeit dar und kann im aufgeführten Modell als Formänderung der Blöcke dargestellt werden (z.B. eine Erhöhung der Komplexität oder eine Erweiterung der Entscheidungsbreite).

Nachdem bisher die Problemsicht eingehend diskutiert wurde, sollen in der zweiten Hälfte dieses Beitrages die *Lösungsmöglichkeiten* für den einzelnen Manager analysiert und diskutiert werden. Dazu werden ein Phasenmodell und begleitende Werkzeuge, sowie Beispiele von Lösungsstrategien aus der Praxis vorgestellt.

2.3 Ein Phasenmodell des Persönlichen Wissensmanagement

Wie eingangs erwähnt wurde, können in Bezug auf das persönliche Wissensmanagement vier generische Phasen unterschieden werden, die den Wissenszugang eines Managers systematisch strukturieren. Die folgende Abbildung gibt einen Überblick über diese Phasen, zeigt deren Zielsetzung und führt einige Instrumente zur Unterstützung der entsprechenden Phase auf.

Phasen des persönlichen Wissensmanagements	Zielsetzung der Phase	Instrumente des persönlichen Wissensmanagements
Zugang zu relevantem Wissen	Management eines Netzwerkes von Experten und Kontakten Systematischer Zugang zu elektronischen und anderen qualitativ hochwertigen Informationsquellen	• Expertennetz • Ghostreader und Abstract-Dienste • Delphi-Studien
Selektion von relevantem Wissen	Bewertung der Qualität und Relevanz von Quellen und Inhalten	• Selektionskriterien • Web-Agenten
Integration von Wissen	Verständnis, Einordnung, Verwaltung und Anwendung von neuem Wissen	• Mapping- bzw. Visualisierungs-Techniken • Kategorisierungsregeln
Strategische Kompetenzentwicklung	Analyse und Kompensation eigener Kompetenz-Defizite Gezielter Aus- und Aufbau eigener Kompetenzen	• Wissensprofil • Lern-Agenda • Wissens-Coaching

Abbildung 4: Phasen des persönlichen Wissensmanagement und Instrumente zu deren Unterstützung

In einem ersten Schritt geht es darum, den **Zugang** zu aktuellem Wissen zu sichern. Das bedeutet einerseits den Zugang zu Experten und Spezialisten in denjenigen Bereichen, welche für die eigene Arbeit zentral sind, andererseits aber auch den Zugang zu qualitativ hochstehenden Informationsquellen auf dem Internet, auf Fachmessen, in speziellen Fachmedien etc.

Der zweite Schritt besteht aus einer effizienten **Selektion** – und somit Bewertung – von entscheidungsrelevantem Wissen. Dieses Wissen kann in Form von schriftlichen Expertisen erworben werden oder direkt durch Fragen, Konsultationen bei Experten gewonnen werden. In beiden Fällen geht es jedoch darum, die Qualität und Relevanz der gewonnen Erkenntnisse zu überprüfen, bevor weiter damit gearbeitet werden kann. Diese Phase wird vermehrt schwierig. Die zentrale Problematik des persönlichen Wissensmanagements hat sich denn auch in den letzten Jahren vom Zugangsproblem zum Selektionsproblem verschoben. Oft ist es nicht eine Frage, ob eine Information, eine Expertise oder eine Erfahrung besteht, sondern welche der vielen angebotenen Wissensquellen die relevante, verlässliche etc. ist.

Der dritte Schritt besteht aus der **Integration** neuer Erfahrungen oder Informationen in bestehendes Wissen. Es geht hier darum, Verständnis für eine neue Materie aufzubauen und die neuen Kenntnisse mit bisherigen Erfahrungen zu verknüpfen. In dieser Phase findet demnach der eigentliche Lerneffekt statt. Deshalb wird diese Phase auch durch Werkzeuge unterstützt, welche vor allem aus dem pädagogischen Kontext bekannt sind (wie etwa Mind Mapping, Fischgrätgrafiken, Netwerke etc.). Dieser Schritt beinhaltet jedoch auch die organisatorische Integration von neuen Informationen, das heisst ihre Archivierung und Strukturierung. Eine adequate Ordnung der eingehenden Informationen durch eine systematische Kategorisierung ist hierbei zentral.

Der vierte und letzte Schritt des persönlichen Wissensmanagements beinhaltet eine längerfristige Perspektive. Er besteht aus der strategischen **Entwicklung** der eigenen Kompetenzen aufgrund der zukünftigen Anforderungen an die eigene Person und den gegenwärtigen Fähigkeiten und Erfahrungen. Es geht hier darum, im Sinne eines unternehmerischen Umgangs mit dem eigenen Wissen, das eigene Portfolio von Fähigkeiten systematisch weiterzuentwickeln und Defizite abzubauen, bzw. Stärken auszubauen. Weil gerade diese systematische Weiterentwicklung im Tagesgeschäft oft zu kurz kommt, werden in der Phase "Entwicklung" Instrumente vorgestellt, welche es einem erlauben, das lebenslange Lernen in den Arbeitsalltag zu integrieren.

Zur Unterstützung jeder dieser Schritte bestehen einige Werkzeuge und Dienste. Sie sollen im übernächsten Abschnitt vorgestellt werden. Ich nächsten Abschnitt sollen zunächst die beschriebenen Phasen anhand der Vorgehensweisen von Praktikern illustriert werden.

2.4 Fallstudien

Wiederum stützen wir uns bei den folgenden drei kurzen Fallbeispielen auf die Gespräche mit Managern des oberen Kaders[8] in den Jahren 1997 und 1998. Es werden die Lösungsstrategien von drei Managern vorgestellt, die – nach ihrem eigenen Ermessen – sehr gut aus Informationen Wissen gewinnen. Die Strategien und Taktiken, die sie anwenden, sind dabei nach den eben diskutierten vier Phasen gegliedert.

FALLBEISPIELE

Der CIO eines Finanzdienstleisters

Was den *Zugang* zu wichtigem Wissen anbelangt, versucht dieser Chief Information Officer sich eine möglichst breite Zuhörkompetenz zu erhalten. Um den Zugang zu Experten zu fördern, engagiert er sich in *Erfahrungsgruppen* und *Fachverbänden*. Um den Zugang zu verdichteten, hochwertigen Informationsquellen zu gewährleisten, nimmt der Manager die Dienstleistungen der internen *Dokumentationsstelle* in Anspruch, welche ihn themenspezifisch dokumentiert. Um den Zugang zu aktuellem Methodenwissen zu gewährleisten, entsendet dieser CIO regelmässig Mitarbeiter in Nachdiplomkurse oder engagiert Studenten als Praktikanten.

In Bezug auf die effiziente *Selektion* von Information steuert er seine Informationsquellen bewusst und setzt systematisch Filter ein. Einer dieser Filter sind für ihn die Berichte der Gartner Group und von Forrester Research. Diese "*Ghostreader*" selegieren bereits einen grossen Teil von Informationen, fassen sie zusammen vor und stellen diese in einen grösseren Kontext. Diese Berichte enthalten auch Abstracts, also Zusammenfassungen von Meldungen anderer Nachrichtenagenturen, sowie Expertenumfragen, sogenannte Delphi-Studien.

Um neues Wissen in die bestehende Wissensbasis zu *integrieren* hat der Manager zwei Massnahmen ergriffen: erstens, die Verbesserung der eigenen *Lerntechniken* (inkl. einer Auseinandersetzung mit der Funktionsweise des menschlichen Gedächtnisses) und zweitens die Erstellung einer *persönlichen Wissensbank* auf dem Laptop, die er konsequent erweitert und benutzt. Auf dieser Wissensbank verfasst der Manager jeweils einseitige Kommentare zu bestimmten Themen (z.B. Informationsmaterial aus Sitzungen oder Gesprächen). Diese sind später durch Volltext- und graphische Suche schnell wieder auffindbar. Zum Zeitpunkt der Befragung befand sich diese Wissensbank bereits

---

[8] Die Selektionskriterien für die befragten Manager waren dabei die folgenden: Eine hohe Informationslast aufgrund der Aufgabenstellung der beruflichen Position, die Bereitschaft über eigene Probleme und Lösungswege offen Auskunft zu geben, eine mehrjährige Erfahrung in dem entsprechenden Beruf, sowie operative wie auch strategische Aufgaben innerhalb der Unternehmung.

im fünften Jahr ihrer Verwendung. Gemäss dem Manager hat sich ihr Einsatz vor allem in Gesprächen mit Experten bewährt. Sie erfordert jedoch eine grosse Eingabedisziplin, um effektiv wertvoll zu werden.

Um seine Kompetenzen strategisch zu *entwickeln* setzt sich der Manager vertieft mit anderen Kulturen und deren Geschichte auseinander. Ausserdem delegiert er Forschungsaufgaben an seine Assistenten, welche für ihn bestimmte Themengebiete recherchieren und ihn periodisch über wichtige Erkenntnisse orientieren. Auch der regelmässige Kontakt zu Universitäten und Forschungsinstituten gehört für diesen Manager zu den Methoden der Kompetenzentwicklung. Darüber hinaus engagiert er sich gezielt in Projekten, welche sich mit zukunfträchtigen Themen, Technologien oder Problemen beschäftigen.

Der Ausbildungschefs eines Telekommunikationskonzernes

Um den *Zugang* zu neuen Methoden und Inhalten zu gewährleisten, pflegt dieser Manager einen regen Kontakt zu einer Vielzahl von spezialisierten Beratern. Um diese Kontakte systematisch zu bewirtschaften, führt er darüber hinaus eine "Beraterdatenbank", in welcher die einzelnen Schwerpunkte dieser Berater abgelegt sind.

In Bezug auf die *Selektion* wendet der Manager vor allem die folgenden drei Auswahlkriterien im Sinne einer mentalen Checkliste an:

1. Ist die Information klar?
2. Ist die Information konsistent (widerspruchsfrei)?
3. Ist die Information zur Zeit relevant?

Hinsichtlich der *Integration* von Information verwendet der Manager verschiedene Visualisierungstechniken und Modellierungsformen. Mind-Mapping und Ursache-Wirkungsgrafiken (vgl. Abschnitt 4) gehören dabei zu seinen bevorzugten Methoden. Ausserdem hat sich dieser Manager mit verschiedenen Lern- und Lesetechniken auseinandergesetzt, um auch seine eigene Informationsaufnahme zu verbessern. In Bezug auf die *organisatorische Integration* der von ihm benötigten Informationen, wendet er das folgende einfache Schema an, um sowohl sein Archiv, wie auch seine Kommunikationsaktivitäten zu strukturieren. Das Schema besteht aus drei Ebenen, welche er roter, gelber und grünen Alarm nennt. Diese Abstufung entspricht der Dringlichkeitsstufe einer Information, d.h. wie schnell diese in eine Handlung, einen Entscheid oder eine Meinungsabgabe umgesetzt werden muss.

Input/ Output	Handlungsmodus	Entscheidungsmodus	Meinungsmodus
1. "Roter Alarm"	In diese Kategorie gehören Informationen, die sofort nötig sind, um eine Handlung durchzuführen, z.B. eine Projektmeilensteinbeschreibung. Diese Informationen liegen auf dem Tisch des Managers.	Zu dieser Informationskategorie zählt der Manager, Informationen, welche er benötigt, um einen ausstehenden Entscheid zu fällen. Auch diese Informationen müssen in Griffnähe abgelegt werden.	Zu dieser Kategorie Information zählt der Manager Informationen, welche er benötigt um eine Anfrage zu beantworten. Wenn die dafür benötigten Informationen in eines seiner Expertengebiete fallen, legt er diese im entsprechenden Dossier (z.B. "Rekrutierung") ab.
2. "Gelber Alarm"	Hiermit sind Informationen gemeint, welche zur mittelfristigen Vorbereitung einer Handlung dienen. Sie sind hinter dem Pult verstaut und gut sichtbar.	Analog zu den vorangegangenen Informationstypen handelt es sich hier um Informationen, welche zur Vorbereitung eines Entscheides dienen. Auch diese sind separat hinter dem Pult verstaut.	Analog zu den vorangegangenen Informationstypen handelt es sich hier um Informationen, welche zur Vorbereitung eines Entscheides dienen. Auch diese sind separat hinter dem Pult verstaut.
3. "Grüner Alarm"	Im grünen Bereich sind Informationen abgelegt, welche *potentiell* für Handlungen, Entscheide oder Anfragen verwendet werden können. Sie sind in einem separaten Schrank abgelegt und werden periodisch gesichtet.		
Kommunikation der Umsetzung der Information	Persönlich, d.h. face-to-face (z.B. zur Instruierung von Mitarbeitern).	Schriftlich zur Dokumentation und Bekanntmachung einer Entscheidung.	Je nach Umfang der verlangten Expertise: bei kurzen Meinungsangaben persönlich, bei längeren schriftlich.

Abbildung 5: Informations-Input / Output Matrix des Ausbildungschefs

Zur strategischen *Entwicklung* seiner Kompetenzen pflegt dieser Manager rege Kontakte zu Ausbildungsinstitutionen und engagiert sich in verschiedenen unternehmensübergreifenden Erfahrungsgruppen. Auch dieser Manager sieht Projekte zu spezifischen Zukunftsthemen als wichtiges Lernvehikel und Möglichkeit, die eigenen Kompetenzen langfristig auszubauen.

Der Stabsleiter einer Schweizer Grossbank

Dieser Manager strukturiert seinen *Zugang* zu aktuellen Informationen und Spezialistenwissen gemäss der Art und Weise, wie er diese Informationen erhält. Dementsprechend unterscheidet er elektronische, papierbasierte und persönliche Wissens-Quellen (analog zu den besprochenen Problemen im vorhergehenden Kapitel 1.4.). Im Bereich der elektronischen Quellen sind dies vor allem das bankweite Intranet und die rund fünfzig E-mails, welche er pro Trag erhält.

Zur *Selektion* der elektronischen und papierbasierten Informationen setzt dieser Manager stark auf Delegation und lässt seine E-mails, Memos etc. von der Sekretärin vorsortieren. In Bezug auf Berichte selektiert in Bezug auf Abweichungen.

Zur *Integration* neuer Informationen in sein eigenes Wissen verwendet dieser Manager einige konzeptionelle Visualisierungswerkzeuge, wie etwa die S-Kurven Darstellung (bei welcher ein zeitlicher Verlauf auf ein Koordinatensystem aufgetragen wird) oder die Projekt-Portfoliodarstellung. Abbildung 6 zeigt diese Projektportfoliodarstellung, mit derer es möglich ist, eine grosse Menge von Projekt-Rahmeninformationen zu verdichten und so zu überblicken, um sie in das eigene Wissen zu integrieren und für Entscheide zu nutzen.

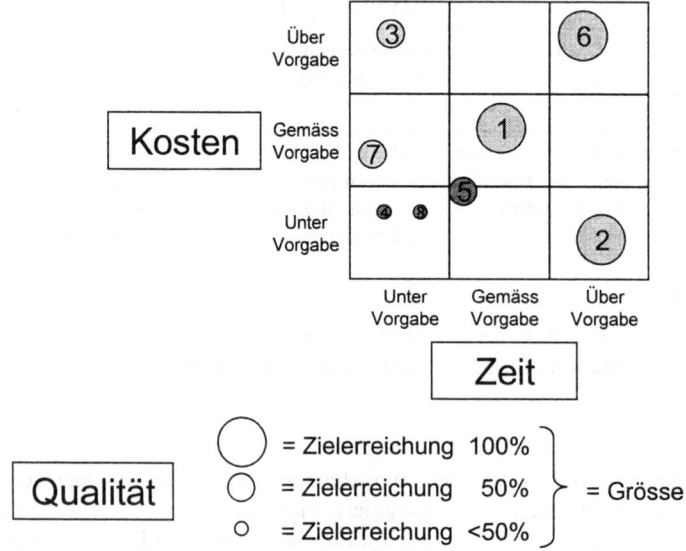

Abbildung 6: Das Projektprotfolio zur Integration verschiedener Projekt-Informationen

In Abbildung 6 werden acht Projekte bezüglich ihrer Budget- und Zeiteinhaltung, sowie in Bezug auf ihre Zielerreichung verglichen. Diese Art der Darstellung erlaubt es einem Manager, die wesentlichen Informationen zur Beurteilung eines Projektes (Budget, Zeit und Qualität) zu überblicken und bei entsprechenden Abweichungen Massnahmen einzuleiten (zum Beispiel bei den Projekten Nr. 4 und Nr. 8 im obigen Beispiel).

Um seine eigenen Kompetenzen strategisch zu *entwickelen*, sieht dieser Manager drei Aktionsbereiche vor:

Erstens "kührt" er jedes Jahr ein oder zwei Themen zu *Jahresthemen* und nimmt sich in der Folge während des ganzen Jahres immer wieder Zeit für diese mittelfristig wichtigen Themen (beispielsweise durch Teilnahme an Konferenzen oder das Verfassen eigener Berichte oder Präsentationen zu dem Thema zu Handen der Bank). Ein derartiges "Jahresthema" ist beispielsweise die Arbeitszeitflexibilisierung und deren Einfluss auf das Management. Zur eigenen Dokumentation verwendet der Manager dabei oft Powerpoint Folien, die er beim Lesen und Verfassen von neuen Konzepten erstellt.

Zweitens hat dieser Direktor eine längerfristige Vision bezüglich seiner "Organisationskompetenz." Diese Vision besteht daraus, die generellen Erfolgsfaktoren und "Todsünden" von Organisationsarbeit herauszuarbeiten. Dies ist sozusagen sein "langfristiges Wissensprojekt," an welchem er in regelmässigen Abständen mehr oder weniger systematisch arbeitet.

Drittens engagiert er sich in den internen Weiterbildungsangeboten der Bank als Trainer und wird somit gezwungen, sich periodisch mit den neuesten Konzepten seiner Disziplin (der Organisationslehre) auseinanderzusetzen. Zusätzlich erlaubt ihm diese Nebenaktivität es, neue Impulse von neueren oder jüngeren Mitarbeitern aufzunehmen und zu bearbeiten.

Extrempositionen der Wissensarbeit

Aus den Managementbefragungen lassen sich zwei Extrempositionen im Umgang mit Information unterscheiden, deren Merkmale in der nachfolgenden Tabelle wiedergegeben sind. Dabei handelt es sich jedoch um Typisierungen. Kein Manager wies alle der aufgeführten Merkmale auf. Die Extrempositionen können jedoch Hinweise auf geeignete und weniger geeignete Verhaltensweisen im Umgang mit Information geben.

Manager Typ *"Detailgetrieben"* (leiden oft unter Information Overload)	Manager Typ *"Übersichtsorientiert"* (leiden wenig unter Information Overload)
Arbeiten mit unklaren, schwer abgrenzbaren Informationskategorien. Verwalten ihre Dokumente mit überlappenden, nicht klar abgrenzbaren Verzeichnissen	Arbeiten mit einigen wenigen Informationskategorien und einer logischen Strukturierung ihrer Dokumentation.
Haben keine klaren Arbeitsprinzipien für den Umgang mit Information.	Folgen konsequent Ihren selbst entwickelten Arbeitsprinzipien.[9]
Sind Detail versessen und analysieren sehr lange bevor sie eine Entscheidung treffen.	Erkennen Muster und Verbindungen in den Details und leiten aus der Analyse rasch Entscheide ab.
Delegieren Rechercheaufgaben ungenau, zwischen Tür und Angel.	Delegieren Rechercheaufgaben systematisch und genau, inkl. Angaben zur gewünschten Detaillierung und Form.
Lesen einen Text von Anfang bis Ende durch.	Lesen selektiv (diagonal) und strukturieren den Text beim Lesen.
Arbeiten mit den Informationen, die sie erhalten.	Verlangen von ihren Mitarbeitern an den eigenen Stil angepasste Informationen, die kompakt, übersichtlich und fokussiert sind.
Nehmen ein Dokument mehrmals zur Hand und schieben Entscheide darüber auf.	Nehmen ein Dokument nur einmal zur Hand und handeln sofort danach oder entscheiden, ob es weitergeleitet, archiviert, oder weggeworfen wird.
Arbeiten bottom-up, d.h. sichten so viele Details wie möglich.	Arbeiten top-down, d.h. sie entwickeln Hypothesen und suchen nach Informationen, die diese bestätigen oder widerlegen können.
Arbeiten einzig im Tagesgeschäft ohne Reflexion	Nehmen bewusst Auszeiten, um über ihre Arbeitsweise und ihre Kompetenzen nachzudenken.
Sehen systematisches Lernen als Pflichtübung, welche in ein bis zwei Seminaren pro Jahr erledigt werden kann.	Schaffen sich bewusste Lernmöglichkeiten innerhalb des normalen Tagesgeschäftes (über innovative Projekte, Gespräche mit Experten, Austausch mit Kollegen, Kontakte zu Universitäten etc.)

Abbildung 7: Extrempositionen vor Arbeitsstilen im Management

---

[9] Typische Arbeitsprinzipien der befragten Praktiker waren etwa: "First in First out" (ein Dokument wird nur einmal in die Hand genommen und gleich weitergeleitet oder erledigt); "Radikale Prioritäten setzen" (first things first), d.h. zuerst die wirklich wichtigen Dinge erledigen (und nicht nur die dringenden); "Informationen aggregieren" (durch Kennzahlen, Visualisierungen, Tabellen, etc.); "auf Abweichungen achten und dort nachfragen", etc.

Neben diesen Extrempositionen in der Wissensarbeit von Managern konnten zwei generelle Defizitbereiche durch die ethnographischen Interviews identifiziert werden. Beim ersten Bereich handelt es sich um ein generelles Wissensdefizit in bezug auf *Zukunftsthemen*. Die meisten befragten Manager gaben an, aufgrund der zeitlichen Belastungen des Tagesgeschäftes die Auseinandersetzung mit der Zukunft oft sträflich zu vernachlässigen. Eine konsequente Auseinandersetzung mit den möglichen Zukünften einer Branche, einer Unternehmung, oder einer Funktion fand nur in den seltensten Fällen statt. Auch die Auseinandersetzung mit anderen Branchen oder Funktionen, um daraus für die eigenen Aufgaben zu lernen schien selten statt zu finden.

Beim zweiten Defizitbereich handelt es sich um die systematische Planung der eigenen *Weiterbildungsmassnahmen*. Alle befragten Manager gaben an, sich zu wenig die Zeit für die eigene Weiterbildung zu nehmen und im Durschnitt nur ein bis zwei Tage an Weiterbildungsseminaren zu verbringen. Dennoch haben einige Manager Wege gefunden, die Weiterbildung ins Tagesgeschäft zu integrieren, z.B. durch neue Projekte, Zusatzaufgaben oder interne Gesprächsrunden.

Wie eine vernünftige Arbeitsweise im Umgang mit Information und Wissen unterstützt werden kann, betrachten wir im nächsten Abschnitt, welcher einige Instrumente diesbezüglich vorstellt.

2.5 Instrumente

Im folgenden sollen einige mögliche Instrumente für jede Phase des persönlichen Wissensmanagements vorgestellt werden. Dabei schlagen wir neue Möglichkeiten vor, mit dem eigenen Wissen umzugehen und diskutieren einige bewährte Methoden.

2.5.1 Instrumente zur Verbesserung des Zugangs zu Wissen

Weil der Zugang zu Wissen in Form von Experten eine der wichtigsten Quellen darstellt, wird nachfolgend ein Instrument ausführlicher präsentiert, welches hilft, den eigenen Zugang zu Experten kritisch zu evaluieren und gezielt zu verbessern. Es kann in Form einer Gruppen- oder Einzel-Übung angewandt werden. Die folgende Übung kann helfen, den eigenen Zugang zu Experten zu explizieren, zu hinterfragen und zu verbessern.

Dabei kann wie folgt vorgegangen werden:

1. Positionieren Sie Ihre Initialen in einem Kreis umgeben von Vier Quadraten
2. Überlegen Sie sich, welche drei ihrer verschiedenen Kompetenzbereiche für Ihre Arbeit am wichtigsten sind und tragen sie diese in die erste Zeile der Quadrate ein.
3. Überlegen Sie sich ein Gebiet, auf welchem Sie ein klares Defizit haben, d.h. wo Sie sich in der nächsten Zeit verbessern möchten. Tragen sie dieses in die erste Zeile des vierten Feldes ein.
4. Schreiben Sie in jedes der vier Felder den oder die Namen von Experten zu dem jeweiligen Gebiet, zu dem Sie auch effektiv Kontakt haben. Unterstreichen Sie diese Namen oder umranden sie diese.
5. Schreiben Sie nun die Namen von weiteren Kontaktpersonen in die jeweiligen Felder, die sich ebenfalls auf den entsprechenden Gebieten auskennen (interne wie auch externe Kontakte).
6. Verbinden Sie diejenigen Personen, die sich untereinander kennen mit einer gestrichelten Linie.

Die Karte, welche sich aus diesen sechs Schritten ergibt, stellt eine vereinfachte Version ihres Kontaktnetzes dar. In dieser Weise können nicht nur Defizite im eigenen Kontaktnetz explizit gemacht werden, sondern es kann auch ein systematischer Wissenstransfer in Gruppen stattfinden (in Bezug auf das gemeinsame Kontaktnetz).

Direct Marketing Tools

Hans Meiringer Axel Schmied
Stephan Schöllier Georg Will
Giorgio Brisi Heike Mass
Henry Ruhl Andreas Gisig
Christine Erler Steffen Stein

Medienindustrie

Susanne MüllerMeyr
Pamela Schweizer
Gregory Smith

T.M.

Internet/Intranet Technologie

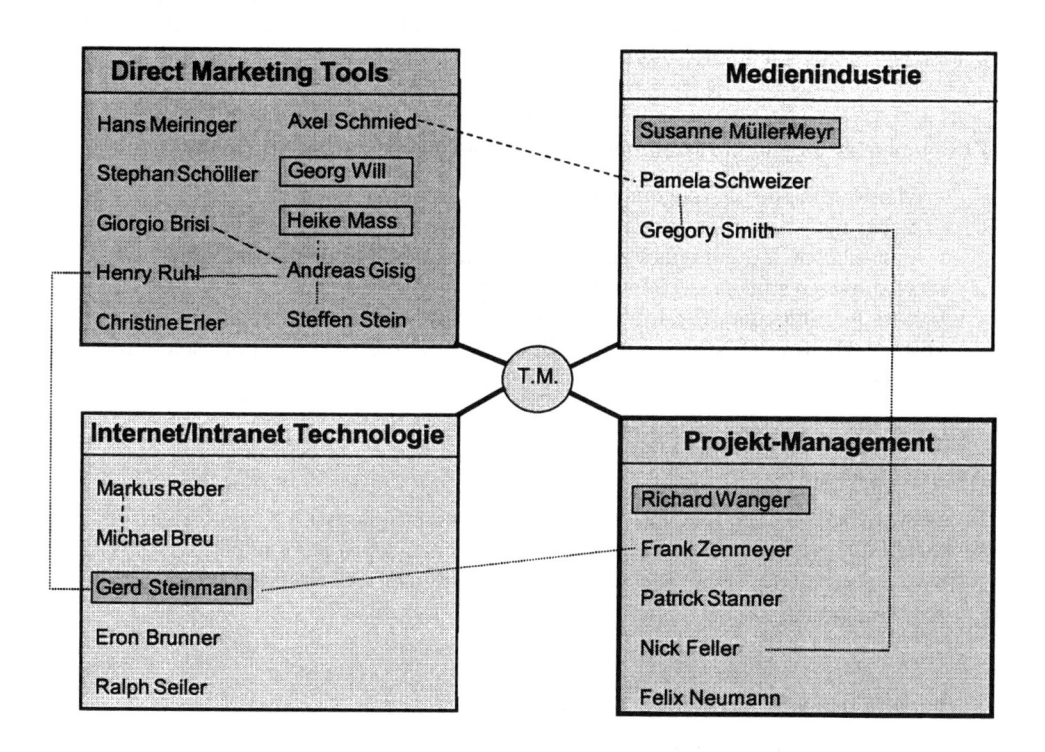

Markus Reber
Michael Breu
Gerd Steinmann
Eron Brunner
Ralph Seiler

Projekt-Management

Richard Wanger
Frank Zenmeyer
Patrick Stanner
Nick Feller
Felix Neumann

Abbildung 8: Das Expertennetz als Werkzeug des persönlichen Wissensmanagement

Dieses Instrument wurde in einigen Workshops eingesetzt. Die Erfahrungen daraus zeigen, dass die meisten Manager zumindest in einem der vier Bereiche erhebliche Kontaktdefizite aufweisen. Die Explizierung des impliziten Kontaktwissens kann dies transparent machen und Handlungsdruck für eine weitere Kontaktaufnahme aufbauen. Darüber hinaus kann eine derartige Darstellung zum Wissenstransfer innerhalb von Teams genutzt werden. Ein Nachfolger kann so beispielsweise in das Kontaktnetz seines Vorgängers eingeführt werden oder die gegenseitige Transparenz über externe Kontakte kann erhöht werden.

Weitere Instrumente für diesen Bereich sind Kontaktmanagement-Software, Mailinglisten (E-Mail-Listen von Experten, welche sich zu bestimmten Themen via e-mail austauschen), oder sogenannte Abstract Dienste, welche neue Trends und Themen systematisch sichten und zusammenfassen oder durch sogenannte Delphi-Studien (Expertenbefragungen) eruieren.

Was den Zugang zu qualitativ hochstehenden Informationsquellen anbelangt, so wird das Internet in Zukunft mehr und mehr an Bedeutung gewinnen. Einige zentrale Instrumente können dabei die folgenden Internetangebote sein:

Zusammenfassungen und Kommentare zu aktuellen Wirtschaftsthemen

- www.mwonline.de (Management-Artikel in Zusammenfassungen)
- www.business-bestseller.de (Zusammenfassungen von Management-Büchern)
- www.brint.com (Kommentare und Diskussionen zur Digitalen Ökonomie)
- www.knowledgemedia.org (Ein Portal zum Wissensmanagement)
- www.redherring.com (Ein Informationsdienst zur Digitalen Ökonomie)
- Abstract Dienste: Auslese, Zukunftsforschung, Gartner, Ovum, Forrester, Frost & Sullivan

Nachrichtendienste

- www.my.yahoo.com (ein personalisierter Nachrichtendienst)
- www.infobeat.com (ein personalisierter Nachrichtendienst per e-mail)
- www.paperball.de (eine Suchmaschine für sämtliche bedeutende deutschsprachige Tageszeitungen)

Suchmaschinen und Agenten

- www.deja.com (Newsgroup Portal)
- www.hotbot.com, www.northernlight.com, www.alltheweb.com (mächtige Suchmaschinen)
- www.ferretsoft.com (ein Suchagent)
- www.copernic.com/free98.html (ein Suchagent)

Firmeninformation

- www.wetfeet.com (Angaben zur Unternehmen aus Sicht von potentiellen Bewerbern)
- www.hoovers.com (detaillierte Informationen zu Firmengeschichte, Finanzzahlen und Personen)
- www.sec.gov (vor allem finanzielle Firmenangaben)
- www.edgar-online.om (ebenfalls finanzielle Berichte zu in den USA vertretenen Firmen)

Diese Instrumente helfen, den Zugang zu wichtigen Informationen zu gewährleisten. Sie können jedoch die eigentliche Selektion von Information nur teilweise unterstützen.

Deshalb betrachten wir im nächsten Abschnitt den Selektionsprozess und seine Unterstützungsmöglichkeiten separat.

2.5.2 Instrumente zur Unterstützung der Selektion und Bewertung

Der Selektionsprozess von Informationen kann generisch in vier Phasen unterteilt werden. Eine erste Phase besteht aus der Sichtung der möglichen Informationsquellen mit dem Ziel einen ersten Überblick über das Angebot zu bekommen. In einem zweiten Schritt werden die Informationsquellen oder –angebote hinsichtlich Qualität und Wichtigkeit bewertet. Diesem Schritt folgt die Selektion im engeren Sinne: relevante Informationen werden isoliert und ausgesondert. Danach werden sie bei einer näheren Prüfung entweder für später verwahrt, verworfen, oder in den bestehenden Informationsstand integriert und einer Kategorie zugeordnet. Das folgende Diagramm fasst diesen Ablauf zusammen und illustriert, wie er in zwei Bereichen, der Auswahl relevanter Bücher und der Informationsselektion auf dem Internet, unterstützt werden kann.

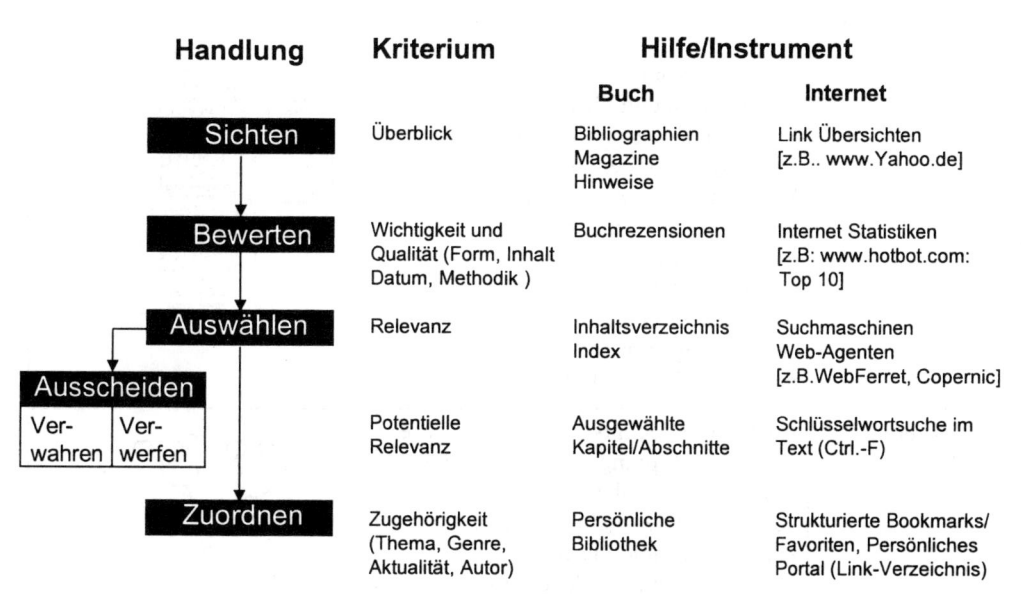

Handlung	Kriterium	Hilfe/Instrument	
		Buch	**Internet**
Sichten	Überblick	Bibliographien Magazine Hinweise	Link Übersichten [z.B.. www.Yahoo.de]
Bewerten	Wichtigkeit und Qualität (Form, Inhalt Datum, Methodik)	Buchrezensionen	Internet Statistiken [z.B: www.hotbot.com: Top 10]
Auswählen	Relevanz	Inhaltsverzeichnis Index	Suchmaschinen Web-Agenten [z.B.WebFerret, Copernic]
Ausscheiden (Ver-wahren / Ver-werfen)	Potentielle Relevanz	Ausgewählte Kapitel/Abschnitte	Schlüsselwortsuche im Text (Ctrl.-F)
Zuordnen	Zugehörigkeit (Thema, Genre, Aktualität, Autor)	Persönliche Bibliothek	Strukturierte Bookmarks/ Favoriten, Persönliches Portal (Link-Verzeichnis)

Abbildung 9: Der Selektionsprozess, seine Kriterien und Unterstützungsmöglichkeiten beim Bücher auswählen und bei der Internet-Recherche

2.5.3 Instrumente zur Unterstützung der Integration von neuem Wissen

Zur Unterstützung der Integration von Informationen in eigenes Wissen sollen in der Folge einige Mappingtechniken betrachtet werden. Mappingtechniken sind konzeptionelle Visualisierungstechniken, welche es erlauben eine grosse Menge von Informationen zu verdichten und zur einfacheren Interpretation und zur Verbesserung des Verständnisses in Bezug zu einander zu setzen. Im folgenden sind derartige Instrumente aufgeführt und kurz beschrieben.

Name	Beschreibung	Beispiel
1. Mind-Mapping	Diese Visualisierungstechnik wurde von Tony Buzan entwickelt. Sie kann zur ersten, groben Strukturierung von Information verwendet werden und so auch als Lerntechnik eingesetzt werden. Vgl. Buzan und Buzan (1997)	
2. Argument Mapping	Diese Mappingtechnik strukturiert und aggregiert komplexe Argumente systematisch und fördert so das Verständnis von schwierigen Konfliktsituationen oder Verhandlungskonstellationen. Sie ermöglicht eine Integration von unterschiedlichen Sichtweisen durch eine einheitliche Darstellung von Argumenten in sechs Blöcken. Für Anwendungen in der Managementpraxis vgl. Huff (1990).	
3. Clustering	Auch diese Technik kann, ähnlich wie das Mind-Mapping, dazu angewandt werden, ein Problem, eine Sachlage oder ein Wissensgebiet grob zu strukturieren und in seine Komponenten zu zerlegen. Es funktioniert in ähnlicher Weise wie ein Mind-Map verwendet statt Linien jedoch Kreise.	

4.	Integrations-karten	Diese Technik kann dazu verwendet werden, viele Informationen zu integrieren und aus einer Fülle von Details die wichtigen Aussagen herauszuarbeiten (beispielsweise bei der Zusammenfassung von Büchern, Referaten oder Berichten). Das Kernthema wird dabei in den mittleren Kreis eingetragen. Darauf werden vier Blickwinkel auf dieses Thema in die jeweiligen Rahmenblöcke eingetragen. In die inneren vier Felder werden dann Informationen eingetragen, die jeweils zwei Blickwinkel miteinander kombinieren. Vgl. Eppler (1998)	
5.	Polargrafiken	Polargrafiken können eingesetzt werden, um Informationen zusammenzustellen und nach deren Bedeutung zu gewichten. Für Beispiele derartiger Grafiken vgl. Varela, F. J. (1988), S. 121 oder Probst (1994).	
6.	Koordinaten-systeme	Koordinatensyteme können verwendet werden um zeitliche Verläufe besser verstehen zu können oder um Informationen aufgrund von zwei Unterscheidungsmerkmalen in vier Gruppen zu gliedern. Die Achsen stellen dabei jeweils zwei entengesetzte Werte eines Merkmals dar (z.B. interne versus externe Verwendung, gute oder schlechte Ausprägung etc.)	

7.	Spinnennetz Grafiken	Diese Art der Darstellung kann verwendet werden, wenn eine Vielzahl von Kriterien verwendet werden muss um ein Problem, eine Sachlage, ein Produkt etc. zu bewerten und diese Bewertung transparent darzustellen ist. Die Kritierenerfüllung wird dabei auf den skalierten Achsen durch Einfärbung der entsprechenden Bereiche signalisiert.	
8.	Konzept-Karten	Die Konzeptkarten, erfunden von NOVAK, eignen sich um komplexe Situationen oder Probleme zu strukturieren und kompakt zu erklären. Sie werden vor allem in der Schulung eingesetzt können aber auch bei der Planung Verwendung finden. Vgl. hierzu beispielsweise Forkel (1999), S. 226.	
9.	Ursache-Wirkungs-Diagramme	Diese Darstellungsform wird vor allem für zwei Anwendungen verwendet. Erstens für zeitliche Strukturierungen, bei denen der Hauptast als Zeitstrahl und die Nebenäste als wichtige Ereignisse fungieren. In einer zweiten Anwendungsform werden auf den Nebenästen Ursachen festgehalten, welche zusammen zu einem bestimmten Problem führen. In dieser Form wird das Diagramm beispielsweise im Qualitätsmanagement verwendet.	

Individuelle Managementkompetenz und Persönliches Wissensmanagement 47

10. Portfolio Darstellungen	Portfolio Darstellungen können eingesetzt werden, um Informationen aufgrund von drei Eigenschaften zu strukturieren. Diese Eigenschaften werden als unterschiedliche Position auf der horizontalen und vertikalen Achse, sowie als Kreisgrösse dargestellt. Auf diese Weise lassen sich etwa Projekte, Produkte oder auch Strategien positionieren und vergleichen. Ein bekanntes Beispiel hierzu stammt von der BCG und gliedert Produkte nach deren Umsatzbeitrag ("stars" versus "dogs").	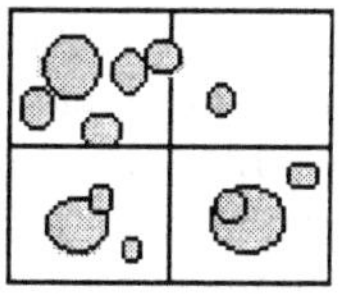
11. Synergy-Maps	Diese Art von Karten kann dazu verwendet werden, Abhängigkeiten sichtbar zu machen, um diese besser zu verstehen oder systematisch zu nutzen. Spezifisch können mit Synergy Maps Interdependenzen und Kooperationschancen herausgearbeitet werden. Dazu werden zuerst die zehn wichtigsten Ziele, Projekte oder Aufgaben gemäss ihrem Zeithorizont (kurzfr., mittelfr., langfristig) auf einem Kreis abgetragen und priorisiert. Anschliessend werden durch Linienziehung Abhängigkeiten oder Synergien zwischen den einzelnen Bereichen identifiziert.	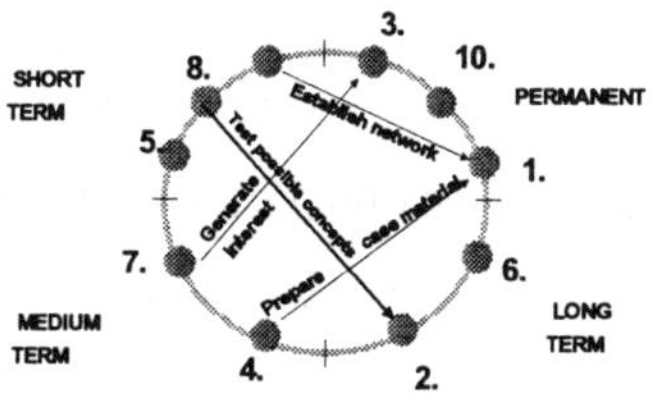
12. Venn Diagramme	Diese (aus der Mengenlehre) bekannte Art der Darstellung kann eingesetzt werden, wenn es darum geht, Informationen gewissen (überlappenden) Gruppen zuzuordnen. Dadurch verbessert sich das Verständnis von Gemeinsamkeiten oder Unterschieden.	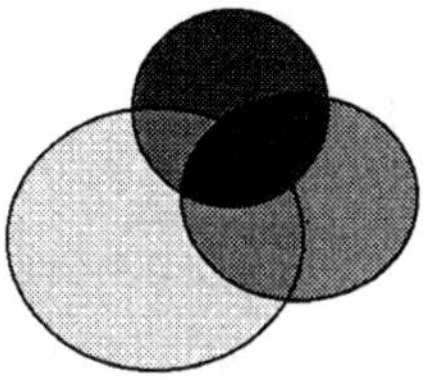

Abbildung 10: Mapping Techniken zur Unterstützung der Integration von neuem Wissen

Neben diesen Techniken zur visuellen Intregration und Aggregierung von Information, um einen besseren Gesamtüberblick zu bekommen, ist die *Kategorisierung* eines der besten Mittel, um Informationen durch eine systematische Ordnung zu integrieren. Ob im persönlichen Aktenordner, den Verzeichnissen auf dem Computer, oder in der gemeinsamen Dokumentenablage auf dem Intranet, Kategorien spielen eine zentrale Rolle bei der Bewirtschaftung von Information zur Entwicklung von Wissen. Die folgenden Regeln können dabei helfen, systematische Kategorien zu bilden, und somit den Überblick über eine grosse Masse von Informationen nicht zu verlieren.

Regeln zur Kategorisierung von Information:

1. Kategorien müssen soweit wie möglich trennscharf sein.
   - Es darf keine überlappenden Gruppen geben (d.h. klar abgrenzbare Kategorien).
   - Eine Information muss eindeutig einer (und nur einer) Kategorie zugeordnet werden können.
2. Eine Gruppe von Kategorien muss den Gegenstandsbereich abdecken.[10]
   - Jede neue Information muss in eine Kategorie eingeordnet werden können.
3. Kategorien auf der gleichen Hierarchiestufe müssen den gleichen Abstraktionsgrad einhalten.
   - Werden z.B. alle Dokumente in Briefe, Protokolle, Präsentationen und Berichte kategorisiert, so dürfte eine weitere Kategorie nicht "Kaufvereinbarungen" sein, sondern müsste "Verträge" lauten. Kaufvereinbarungen wäre dann eine Kategorie auf einer zweiten Strukturierungsebene.
4. Für jede Kategorie muss es gewisse typische Elemente geben, sogenannte Prototypen, deren Zuordnung auf den ersten Blick klar ist.
5. Das Kriterium zur Kategorisierung muss explizit beschreibbar sein.
   - Bei der Einteilung der Dokumente in Briefe, Protokoll etc. ist das Unterscheidungskriterium das Format der Information (nicht deren Inhalt)
6. Das Ordnungsschema sollte möglichst wenige Kategorien umfassen. Sowohl horizontal, wie auch vertikal.
   - Die Zahl sieben sollte wenn möglich auf keiner Stufe überschritten werden.

---

10 Diese Regeln eins und zwei werden oft unter dem MECE-Kriterium zusammengefasst. Diese Abkürzung steht für Mutually Exclusive (abgrenzbare, disjunkte Gruppen) und Collectively Exhaustive (gemeinsam das Gebiet vollständig ab).

7. Das Ordnungsschema sollte helfen, das Gebiet besser zu überblicken und verstehen zu können.

   - Die Kategoriennamen sollten selbsterklärend sein und den Bezug zum Gegenstand klar ersichtlich machen.

2.5.4 Instrumente zur Unterstützung der Entwicklung eigener Kompetenzen

Um den systematischen Ausbau der eigenen Kompetenzen strategisch voranzutreiben, können zwei Instrumente eingesetzt werden: das Wissensprofil und die Scorecard. Das Wissensprofil dient der Selbstevaluation des eigenen Wissens und hat folgende Form:

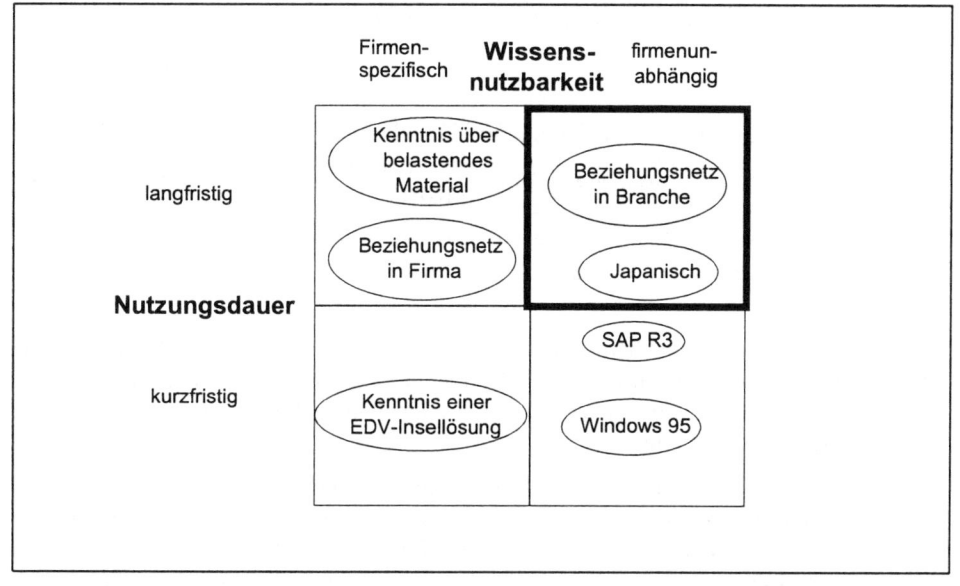

Abbildung 11: Das persönliche Wissensprofil[11]

---

[11] Die Idee zu dieser Darstellung stammt von Kai Romhardt.

Der Zielbereich der eigenen Kompetenzentwicklung sollte im rechten oberen Quadranten liegen, da diejenigen Kenntnisse, welche branchenweit und langfristig Relevanz besitzen, die grösste Flexibilität gewährleisten und in diesem Sinne die "Employability" am ehesten sichern. An diese Momentaufnahme der eigenen Kompetenzen muss anschliessend ein Aktionsplan folgen, welcher die bestehenden Stärken ausbaut und die Defizitbereiche schrittweise beseitigt. Ein derartiger Aktionsplan kann beispielsweise die folgende Form haben:

Wissensgebiete:	Management	Technologie	Markt
Permanent	Führung von 7 Mitarbeitern	Assistent betreibt Monitoring	Monitoring durch Argus
In Projekten	Einführung Balanced Scorecard	Projekt „Bereichsintranet"	Kundenloyalitätsstudie
Seminare	Seminar Referesher MbO	Tagung „Intranet-Report"	Lehrgang Euromarketing
Anderes	Zusammenarbeit mit Consultants	Regelmässige Treffen mit IBM Kollegen	2x/Monat Kundengespräche

Abbildung 12: Eine mögliche Management-Lernagenda

Diese Art der Darstellung hat verschiedene Vorteile. Sie zwingt den Manager dazu Prioritäten zu setzen. Sie hilft ihm bei der Institutionalisierung von Lernmassnahmen. Schliesslich unterstützt sie ihn auch beim Finden von Synergien zwischen täglichen Aufgaben und Lernmöglichkeiten.

Die vorgestellten Instrumente können konkret Unterstützung bei der Auseinandersetzung mit der eigenen Informationsverarbeitung und Wissensentwicklung liefern. Jenseits der konkreten Werkzeuge gilt es darüber hinaus einige grundlegende Prinzipien für den Umgang mit Information und Wissen zu berücksichtigen. Einige dieser Prinzipien, welche aus den geführten Managementinterviews isoliert werden konnten sind nachfolgend aufgeführt.

2.6 Prinzipien des persönlichen Wissensmanagements

Als spezielle "Instrumente" für den Umgang mit Informationen ergaben sich aus den Interviews einige praktische Arbeitsprinzipien, welche Manager in ihrer Arbeit anwenden. Aus diesen Handlungsmaximen der befragten Manager konnten einige wiederkehrende Erfolgsprinzipien gewonnen werden. Vier dieser Erfolgsprinzipien sind nachfolgend wiedergegeben.

1. Aggregationsprinzip: Fassen Sie wichtiges zu nicht mehr als sieben Elementen zusammen. Verdichten Sie Informationen soweit wie möglich, so konzentrieren Sie sich (und auch andere) auf das Wesentliche. Mögliche Formen der Aggregierung sind *Visualisierung* (z.B. mittels Mind-Mapping, Concept Mapping, Clustering oder Matrizen.) oder Reduktion auf *Stichwörter* bzw. *Tabellen*. Aggregation bedeutet jedoch auch eine *Reduktion* der regelmässig auf Sie eintreffenden Informationen (z.B. Verteiler, Zeitschriften, e-mails). *Bündeln* Sie diese (beispielsweise durch einen Pressespiegel oder Zusammenfassungen von Assistenten, bzw. Ghostreadern) gezielt. *Strukturieren* Sie dabei die benötigten Informationen aufgrund der Aufgaben Ihres Arbeitsbereiches und setzen Sie dementsprechend Prioritäten. Sie können nach folgender bewährter Technik (Eisenhower Matrix) vorgehen: Dringende und wichtige Informationen sofort behandeln, dringende aber weniger wichtige delegieren, wichtige und weniger dringende auf später verschieben (z.B. für den Zug) und unwichtige und nicht dringende Informationen direkt entsorgen.

2. Qualitätsprinzip: Achten Sie genauer auf die Motive, welche hinter einer Information stehen (z. B. reine Absicherung vs. Informationsgehalt, "Selling vs. Telling") und die *Signale*, welche auf die Qualität einer Information schliessen lassen (Quelle, Stil, Medium, Autor, Datum etc.). *Verlangen* Sie von Ihren Arbeitskollegen, Mitarbeitern und Geschäftspartnern, dass sie auf die Informationsqualität achten, d.h. dass sie kompakte, gut strukturierte Informationen mit Zusammenfassungen und Kommentaren zu Relevanz und Aufbau eines Textes liefern. Nutzen Sie *Filter* (persönliche, soziale, technologische) und persönliche Netzwerke intensiver, um nur die für Sie relevanten, verlässlichen Informationen zu erhalten.

3. Hypothesenprinzip: Versuchen Sie anstatt ziellos und auf Vorrat Informationen zu sammeln, Hypothesen zu entwickeln, welche Ihre Informationssuche lenken und fokussieren können. D.h. entwickeln Sie eine mögliche Antwort auf Ihr Problem (= die Hypothese) und suchen Sie in der Folge nur nach Informationen, welche diese Antwort entweder bestätigen oder widerlegen können.

4. Entwicklungsprinzip: Denken Sie jenseits des Tagesgeschäftes über die Fähigkeiten nach, die Sie in Zukunft benötigen werden und wie Sie diese schrittweise ausbauen können (z.B. via Projekte, Seminare, Kontakte zu Experten). Denken Sie dabei daran, welche Ihrer Fähigkeiten auch ausserhalb Ihrer Firma anwendbar sind und wie hoch deren *Halbwertszeit* ist. Verfügen Sie vor allem über kurzfristig relevantes Wissen, welches nur in Ihrer momentanen Firma eingesetzt werden kann (z.B. Ihre Kenntnisse über eine EDV-Insellösung oder eine spezifische Makro-Sprache), so nutzt Ihnen dies unter Umständen später wenig auf dem Arbeitsmarkt. Entwickeln Sie zudem Ihre *Informationskompetenz*, indem Sie gezielter und selektiver lesen und indem Sie moderne Informationsinstrumente (wie z.B. personalisierte Nachrichtendienste, Metasuchmaschinen, Visualisierungstechniken, Diagonallesetechniken) erlernen. Entwicklung bedeutet auch eine Verbesserung der *Absprache* mit Kollegen, um so allenfalls Informationsaufgaben aufteilen zu können (wer liest was, bzw. ist wo Spezialist?). Vor allem bedeutet Entwicklung jedoch, die Auseinandersetzung mit der eigenen Zukunft und den dafür notwendigen Fertigkeiten und Kenntnissen.

2.7 Fazit

Abschliessend lassen sich die Hauptaussagen dieses Kapitel in drei zentralen Thesen formulieren:

> Wissensmanagement beginnt beim Einzelnen. Ohne den systematischen Umgang mit dem *eigenen* Wissen und den eigenen Kompetenzen, kann auch die beste Wissensmanagement-Strategie nicht funktionieren. Ein Hauptgrund hierfür liegt in der zunehmenden Informationsflut, welche es zu bewältigen gilt.
>
> Persönliches Wissensmanagement besteht aus dem systematischen *Zugang* zu Wissen (z.B. Experten), der *Selektion* handlungsrelevanter Informationen oder Spezialkenntnisse, der *Integration* dieser Informationen in eigenes Wissen und der strategischen *Entwicklung* der eigenen Kompetenzen aufgrund der zukünftigen Anforderungen und basierend auf dem momentanen Wissens-Portfolio.
>
> Für jede dieser Phasen bestehen einige *Werkzeuge*, welche zur Entscheidungsunterstützung beigezogen werden können. Diese zeichnen sich dadurch aus, dass sie Informationen kategorisieren, verdichten und visualisieren. Zudem eignen sich diese Werkzeuge, um implizites Wissen zu explizieren oder Wissensprofile besser evaluieren zu können.

2.8 Zehn Leitfragen an das Management

1. *Wie gehen Sie mit der täglichen Informationsflut um?*
   Bündeln, filtern und priorisieren Sie Informationen gezielt oder nimmt ihre Informationslast ständig zu?

2. *Wie aktualisieren Sie Ihr Wissen?*
   Sind Sie in Projekten engagiert, in denen Sie neues Wissen erwerben und anwenden können oder lernen Sie neue Konzepte nur ein- bis zweimal im Jahr an Weiterbildungsseminaren?

3. *Wie erkennen Sie, welches Wissen in Zukunft wichtig sein wird und wie erkennen Sie entsprechende Wissensdefizite?*
   Haben Sie Kontakte zu führenden (externen) Experten auf den relevanten Gebieten ihrer Arbeit? Kennen Sie die Trends ihrer und verwandter Branchen?

4. *Wie lesen Sie? Wie lernen Sie?*
   Haben Sie sich schon einmal mit Diagonallesetechniken wie SQ3R auseinandergesetzt? Kennen Sie ihren eigenen Lernstil (Pragmatiker, Reflektor, Theoretiker, Aktivist) und ihre kognitiven Präferenzen (visuelle versus akkustische Information, schrittweise versus komplette Information)?

5. *Wie delegieren Sie Rechercheaufgaben?*
   Geben Sie Ihre Aufträge oft ungenau zwischen Tür und Angel oder wissen Ihre Mitarbeiter immer in welcher Form, zu welchem Zweck und in welchem Detaillierungsgrad Sie Informationen benötigen?

6. *Wie erkennen Sie nutzloses Wissen und wie bewerten Sie die Motive hinter einer Information?*
   Gibt es Qualitätskriterien aufgrund deren Sie Wissen (Experten, Meinungen, etc.) oder Informationen schnell evaluieren können, wie z.B. Stil, Aktualität, Quelle, Kompaktheit, etc.? Erkennen Sie, wann jemand informativ handelt und wann man Ihnen lediglich etwas verkaufen will (‚telling vs. selling')?

7. *Wo sind Sie Spezialist, wo Generalist?*
   Gibt es ein oder zwei Gebiete auf denen Sie sich einen Expertenstatus erhalten wollen? Wenn ja, lesen Sie entsprechend spezialisierte Fachpublikationen, welche sie auswerten und dokumentieren, und können Sie Ihr Wissen in diesen Bereichen anwenden und systematisch weiterentwickeln? Wie erhalten Sie sich ein breites Generalistenwissen (z.B. durch die Lektüre branchenfremder Publikationen)?

8. *Mit welchen Modellen arbeiten Sie (bewusst/unbewusst)?*
Mit welchen impliziten Annahmen arbeiten Sie in Bezug auf Ihre Unternehmung, ihre Branche oder ihre Kunden? Können Sie diese systematisch artikulieren und strukturieren (z.B. durch das graphische Skizzieren der wichtigsten Einflussfaktoren)?

9. *Welches sind Ihre wichtigsten Informations-Kategorien?*
Wie kategorisieren Sie Ihre Dokumente (z.B. auf dem PC oder in ihrer Dokumentation)? Sind diese Kategorien trennscharf und decken Sie alle wichtigen Bereiche ab oder arbeiten Sie parallel mit unterschiedlichen, überschneidenden Kategorien, die ein späteres Auffinden von Informationen erschweren? Aufgrund welcher Kriterien bilden Sie Informationskategorien (Fristen, Wichtigkeit, Formate)?

10. *Wie sieht Ihre persönliche Informations-Werkzeugkiste aus?*
Gibt es spezifische (Arbeits-, Visualisierungs-, Analyse- oder Kreativitäts-) Techniken oder Computerprogramme, die Sie gut beherrschen? Fehlen zentrale Werkzeuge zur Informationsanalyse oder -reduktion? Wäre eines der hier besprochenen Instrumente in Ihrem Arbeitsalltag anwendbar?

2.9 Anhang I: Überblick über bisherige empirische Studien zur Informationsbelastung im Management

Studie	Jahr	Ergebnisse	Methodik
1. American Managment Association (ROBERT A. SHIFF): *Presidents and Paperwork*	1959	▪ Mitglieder des oberen Managements verbringen täglich vier Stunden im Büro und eine Stunde zu Hause mit der Lektüre von Berichten, Briefen und Publikationen. ▪ 80 % der befragten Manager geben an, dass ein Grossteil ihrer Lesezeit nutzlos ist, weil das Material repetitiv, unklar, schlecht strukturiert, zu spät oder irrelevant ist.	Fragebogen und Interviews bei Mitgliedern der American Management Association, durchgeführt zwischen 1958 und 1959.
2. Kraus: *Bieten Organisationskonzepte Lösungen für optimale Informationsversorgung? (Beispiel IMALOC)*	1990	▪ 82.5 % der 400 befragten Manager gaben an, dass sie eine Flut von Informationen von ihren Informationssystemen erhaten, aber kaum Entscheidungsunterstützug ▪ Die Hauptinformationsprobleme waren dabei: Ein Zuviel an Information, das es zu verarbeiten gilt, verwirrende Informationen, fehlende Vergleiche und unklare Ziele für die Informationssammlung.	Eine Befragung bei 400 Top Managern in verschiedenen Branchen in Österreich. Durchgeführt in den Jahren 1989 und 1990.

3. Harvard Business School (MCKINNON & BRUNS): *The Information Mosaic*	1992	▪ Die befragten 73 Manager gaben an nicht unter genereller Informationsüberlastung zu leiden, sondern unter Berichtsüberladung und Papierüberladung. ▪ Als Hauptgründe für eine unnötige Informationsbelastung gaben die befragten Manager schlecht gestaltete oder unsinnig zugestellte Berichte an. ▪ Als Erfolgsfaktor der effektiven Informationsabarbeitung zeigt sich die Erfahrung des Managers in seinem Beruf und seiner Branche. Mit der Zeit entwickeln Manager ausgeklügelte Verfahren, um riesige Mengen von Information zu verarbeiten.	Interviews mit 73 US Top Managern aus verschiedenen Branchen.
4. Reuters: *Dying for Information?*	1996	▪ Ca. 70 % aller befragten Manager leiden zeitweise unter information overload. ▪ Ca. 50 % aller befragten glauben, dass die Informationen in ihrer Firma schlecht genutzt werden. ▪ 94% glauben, dass sich die Informationsbelastung im Management verschlimmern wird.	1313 Telefoninterviews mit Managern (gleichmässig verteilt in unteres, mittleres, und oberes Kader) aus den USA, Grossbritannien, Hong Kong, Australien, und Singapur während den Monaten März und April 1996.

5. Deloitte & Touche: *Information Management Survey*	1996	▪ 50 % aller befragten Firmen sagen, dass ein Zuviel an intern generierter Information Probleme schafft. ▪ 40 % geben an, dass diese Probleme schwerwiegend sind. ▪ 38% aller befragten Grossfirmen glauben, dass sie oft nicht über die richtigen Informationen verfügen, um ihre Aufgaben richtig zu erledigen.	Fragebogengestützte Befragung bei 200 Unternehmen in verschiedenen Branchen (v.a. bei Managern und Mitarbeitern im Bereich Informationsmanagement)
6. Institute for the Future, Gallup, University of San Jose: *Managing Corporate Communications in The Information Age*	1997	▪ Der durchschnittliche Büroangestellte schickt im Tag 37 Nachrichten auf Papier. ▪ Er oder sie schickt 57 Nachrichten E-Mail. ▪ Administrative Assistenten schicken durchschnittlich über 102 Nachrichten am Tag. ▪ Der durchschnittliche Büroarbeiter muss täglich mit etwa 178 Nachrichten und Dokumenten fertig werden.	972 Telefoninterviews, Fokusgruppen, und ethnographische Interviews mit Büroangestellten (Direktoren, Manager, Sachbearbeiter und Experten und Assistenten) in Fortune 1000 Unternehmen in den Monaten August und September 1996.

7. Reuters: *Glued to the Screen*	1997	▪ 61 % aller befragten Manager glauben, dass Information Overload in ihrer Arbeit auftritt. ▪ 90 % meinen, dass sie oft die Menge an empfangener Information nicht mehr sinnvoll verarbeiten können. ▪ 80 % glauben, dass sich diese Situation in Zukunft verschlimmern wird. ▪ 60 % glauben, dass die Kosten für die Informationsbeschaffung oft deren späteren Wert übersteigen (im Vergleich zu 44% 1996). ▪ 54 % befürchten, trotz der vorhandenen Informationen schlechte Entscheide zu fällen. ▪ 80 % der befragten Manager geben an, mehr Informationen als je zuvor zu sammeln, um über die Kunden und die Konkurrenz auf dem Laufenden zu bleiben.	1000 vertrauliche Telephoninterviews im Oktober 1997 bei Managern in Deutschland, England, USA, Hong Kong, Singapur und Irland, (davon waren 42 Prozent "senior managers")
8. Business Objects: *The Fact Gap*	1997	▪ 91 % aller Befragten geben zu, nicht genug Zeit zum Nachdenken zu haben. ▪ 62 % geben an, nicht die richtige Menge an Informationen zu bekommen (sondern entweder viel zu viel oder zu wenig). ▪ 38 % aller Berichte, welche für Manager erstellt werden, sind nicht auf deren Bedürfnisse zugeschnitten und schwer zu benutzten.	Telephoninterviews mit Entscheidungsträgern von der Times Top 1000 Liste. Quantitative (für Manager) und qualitative (für Direktoren) Fragebogen.

| 9. Reuters: Out of the Abyss | 1998 | ▪ 60 % aller Deutschen befragten Manager geben an zeitweise unter Information Overload zu leiden.
▪ 63 % aller befragten deutschen Manager geben an, dass Information Overload die Haupthürde für effiziente Informationsgewinnung ist.
▪ 48 % aller befragten Manager glauben, dass sich die Situation in Bezug auf Information Overload verschlimmern wird (im Vergleich zu 56 % 1996 und 80% 1997). Jedoch gaben 67 % aller befragten Telecom Manager an, dass sich die Situation für sie verschlimmern wird.
▪ Frauen scheinen persönlich mehr unter der Informationsflut zu leiden als Männer. 41 % aller befragten Managerinnen gaben an, in Bezug auf das Wohlbefinden unter der Menge an Informationen zu leiden, im Vergleich zu nur 30 % bei den männlichen Befragten. | 1072 vertrauliche Telephoninterviews im September und Oktober 1998 bei Managern in elf Ländern (u.a. Deutschland, England, USA, Hong Kong, Singapur und Irland, Russland), davon waren 42 Prozent "senior managers" |

2.10 Anhang II: Selbsttest zum Persönlichen Wissensmanagement

Gewinnen Sie effizient Wissen aus Ihren Informationen oder leiden Sie an Information Overload? Ein kurzer diagnostischer Test gibt Hinweise.

Übersicht	Die folgenden zwanzig Fragen können, wenn ehrlich beantwortet, einen ersten Hinweis auf das Ausmass und die Gründe der Informationsflut geben, derer Sie aufgrund Ihrer Tätigkeit ausgesetzt sind. Beantworten Sie bitte jede Frage mit einem "Ja" oder "Nein". Die Auswertung finden Sie im Anschluss an die Fragen.

	JA	NEIN
1. Erhalten Sie mehr als dreissig E-Mails im Tag oder verbringen Sie mehr als eine Stunde täglich mit dem Lesen und Beantworten Ihrer E-Mail?	☐	☐
2. Nehmen Sie mehr als einmal pro Woche Unterlagen zum Studium mit nach Hause?	☐	☐
3. Sind Sie in mehr als fünf Projekten aktiv engagiert?	☐	☐
4. Haben Sie als Führungskraft mehr als zwölf direkt unterstellte Mitarbeiter/innen zu betreuen?	☐	☐
5. Müssen Sie sich in mehr als drei unterschiedlichen Gebieten einen Expertenstatus erhalten?	☐	☐
6. Geschieht es oft, dass Sie ein abgelegtes Dokument lange (mehr als fünf Minuten) suchen müssen?	☐	☐
7. Erhalten Sie Informationen oft in einer Form, welche für Sie nur schwer nutzbar ist (z.B. nicht übersichtlich strukturiert oder nicht klar ist, was Sie aufgrund dieser Information zu tun haben)?	☐	☐

8. Sind Sie auf mehr als sechs Verteilern? ☐ ☐

9. Gibt es ein Fachgebiet, welches Sie seit mehr als einem Jahr genauer ☐ ☐
   betrachten möchten, aber bisher nicht aufgreifen konnten?

10. Haben Sie manchmal das Gefühl, in den Details zu versinken? D.h., ist ☐ ☐
    es in Ihrer Arbeit schwer, den Gesamtzusammenhang nicht zu
    verlieren?

11. Beeinträchtigt die Menge an Informationen, welche sie sichten, lesen ☐ ☐
    oder verfassen müssen, manchmal auch ganz konkret ihre Arbeit im
    Tagesgeschäft?

12. Gibt es oft Situationen, in denen für Sie Stress entsteht aufgrund des ☐ ☐
    Zeitdrucks und der Menge an Informationen, welche es zu lesen oder zu
    verfassen gilt?

13. Ist der Aufwand (investierte Lese-Zeit, Kosten der Beschaffung, ☐ ☐
    Energie etc.) den Sie für eine Information betreiben oft höher als der
    effektive spätere Nutzen der Information?

14. Erhalten Sie relativ viel nicht angefordertes Informationsmaterial an ☐ ☐
    Ihrem Arbeitsplatz?

15. Glauben Sie, dass Ihnen in einzelnen wichtigen Fachbereichen Ihrer ☐ ☐
    Arbeit der Zugang zu entsprechenden (betriebsexternen) Experten fehlt?

16. Sammeln Sie oft Zeitungsberichte, Fachartikel, Studien, Protokolle, ☐ ☐
    Bücher etc., bis ein Haufen entsteht, der nachher nur schwer wieder
    "abtragbar" ist?

17. Geschieht es oft, dass Sie erst durch Kollegen auf eine wichtige, ☐ ☐
    zentrale Information aufmerksam gemacht werden, und das zu einem
    späten Zeitpunkt?

18. Fühlen Sie sich oft ausgelaugt oder demotiviert aufgrund der Menge an ☐ ☐
    Dokumenten, Texten, E-mails, Artikeln, Berichten, Memos etc., welche
    Sie verarbeiten müssen?

Individuelle Managementkompetenz und Persönliches Wissensmanagement 63

19. Glauben Sie, dass in Ihrer Unternehmung klare Richtlinien für die Kommunikation und das Verfassen von Dokumenten, wie e-mails, Berichte etc. fehlen und nötig wären? ☐ ☐

20. Passiert es Ihnen oft, dass Sie auf Internet nach einer Information suchen und dabei auf ganz andere Themen abschweifen? ☐ ☐

Auswertung	Zählen Sie nun die Anzahl der mit JA beantworteten Fragen zusammen.
JA < 10	Falls Sie weniger als 10 Fragen mit einem JA beantworten mussten, hat Sie die Informationsflut noch nicht überschwemmt oder Sie haben sie gut im Griff. Sie kämpfen wahrscheinlich mit einigen der oben genannte Probleme, können aber aufgrund Ihres ausgefeilten Archivs und der schnellen Einordnung von Informationen sehr viel bewältigen. Dennoch könnte Ihnen der eine oder andere nachfolgende Tip nützliche Anregungen zur Verbesserung Ihrer "Informations-Kompetenz" liefern.
JA >= 10	Falls Sie mehr als 10 Fragen mit JA beantwortet haben, ist Information Overload ein schwerwiegendes Problem für Ihre Arbeit und Ihr persönliches Wohlempfinden. Folgende Sofortmassnahmen sind ratsam.
Massnahmen zur Reduktion von Information Overload	• **Reduzieren** Sie die Anzahl regelmässig auf Sie eintreffender Informationen (Bsp: Mailing-Listen, Verteiler, Zeitschriften) oder **bündeln** Sie diese (beispielsweise durch einen Pressespiegel). • **Strukturieren** Sie die benötigten Informationen aufgrund der Aufgaben Ihres Arbeitsbereiches und setzen Sie dementsprechend Prioritäten. Sie können z.B. nach folgendem bewährten Prinzip[12] vorgehen: Dringende und wichtige Aufgaben sofort erledigen, dringende aber weniger wichtige delegieren, wichtige und weniger dringende auf später verschieben und unwichtige und nicht dringende Aufgaben gar nicht erledigen.

---

[12] In Anlehnung an die sogenannte Eisenhower-Matrix.

- **Verbessern** Sie Ihre Informationskompetenz, indem Sie gezielter und selektiver Lesen und indem Sie moderne Informationsinstrumente (wie z.B. personalisierte Nachrichtendienste[13], Metasuchmaschinen[14] oder Visualisierungstechniken) erlernen. Verbessern Sie auch die Absprache mit Kollegen, um so allenfalls Informationsaufgaben aufteilen zu können (wer liest was?). Zentral ist die Trennung von Wesentlichem und Unwesentlichen: Verwenden Sie aufgrund dieser Unterscheidung verschieden Lesetechniken, wie z.B. Speed Reading für "diagonales Lesen" oder die Methode "SQ3R" (Survey, Question, Read, Recall, Review) für intensives Lesen.

- **Bewerten** Sie jedes Dokument, das Sie erhalten, nach der **HAURUK** Methode: Erfordert es eine **H**andlung, kommt es ins persönliche **A**rchiv (Ablage für späteren Gebrauch), sollte es **u**mgeleitet werden oder direkt in den **R**undordner (Abfalleimer) wandern? Oder erfordert es eine **K**ommunikation (Antwort, Bemerkung, Kritik, Erlaubnis etc.) Ihrerseits zurück an den Absender?

- **Achten** Sie genauer auf die Motive, welche hinter einer Information stehen und die Signale, welche auf die Qualität der Information schliessen lassen (Quelle, Stil, Medium, Autor, Datum etc.).

- **Verlangen** Sie von Ihren Arbeitskollegen, Mitarbeitern und Geschäftspartnern, dass sie auf die Informationsqualität achten, d.h. dass sie kompakte, gut strukturierte Informationen mit Zusammenfassungen und Kommentaren zu Relevanz und Aufbau eines Textes liefern.

- **Nutzen** Sie Filter (persönliche, soziale, technologische) und persönliche Netzwerke intensiver, um nur die für Sie relevanten Informationen zu erhalten.

- **Starten** Sie eine Informations-Diät: fragen sie sich, im Sinne von zero-based budgeting, welche Informationen Sie wirklich aufgrund Ihrer Aufgaben benötigen und in welcher Frequenz.

---

[13] Wie beispielsweise www.my.yahoo.com.

[14] Empfehlenswerte, sehr einfache und kostenfreie Agenten stammen etwa von www.webferret.com oder www.copernic.com.

- **Versuchen** Sie anstatt ziellos und auf Vorrat Informationen zu sammeln, Hypothesen zu entwickeln, welche Ihre Informationssuche lenken und fokussieren können. D.h. entwickeln Sie eine mögliche Antwort auf Ihr Problem (= die Hypothese) und suchen Sie in der Folge nur nach Informationen, welche diese Antwort entweder bestätigen oder widerlegen können.

- **Mut zur Lücke!** Haben Sie zwischendurch die Gnade, nicht alles wissen zu wollen. Der Aufwand übersteigt oft den erreichbaren Nutzen durch den zusätzlichen Informationsgewinn.

Drittes Kapitel

**Entwicklung und Management
Organisationaler Kompetenz**

3. Entwicklung und Management Organisationaler Kompetenz

3.1 Problemstellung

Nachdem Kompetenz im einleitenden Kapitel auf der *individuellen Ebene* analysiert wurde, wollen wir uns in diesem Kapitel mit *organisationaler Kompetenz* befassen. Während auf der individuellen Ebene die entscheidende Herausforderung darin besteht, der Überflutung mit Information Einhalt zu bieten sowie das individuelle Wissensportfolio und Beziehungen zur individuellen Wissensumwelt bewusst zu managen, sind die Probleme und Potentiale kompetenzorientierten Managements auf der organisationalen Ebene anders gelagert.

> Kann durch individuelles Kompetenzmanagement der effiziente Umgang des einzelnen Mitarbeiters mit Information verbessert werden, so geht es beim Aufbau organisationaler Kompetenz um die reibungslose Koordination individueller Beiträge im Rahmen organisationaler Prozesse. Wird ein solcher Aufbau durch kompetenzorientiertes Management bewusst gefördert dann kann es Unternehmen gelingen, organisationale Kompetenzen in langfristige Wettbewerbsvorteile umzusetzen.

Der grösste Teil der bestehenden Literatur zum kompetenzorientierten Management konzentriert sich auf die organisationale Ebene. Der überaus populäre "Kernkompetenzen"-Ansatz (Prahalad/Hamel, 1990) ist dabei nur eines von zahlreichen Beispielen[15]. In Anbetracht des beachtlichen Umfangs der bestehenden Literatur werden wir einen kurzen Überblick über bestehende Konzepte liefern und deren Kernideen in vergleichender Form zusammenfassen. Daran anschliessend werden wir ein Prozessmodell der Entstehung organisationaler Kompetenzen entwickeln und die spezifischen Herausforderungen in den einzelnen Phasen des Kompetenzentwicklungsprozesses näher erläutern.

Das hier entwickelte Modell beruht auf einer umfangreichen Fallstudie aus der Einzelhandelsbranche. Die Handel AG ist ein führendes nationales Unternehmen der Einzelhandelsindustrie, das sich durch den konsequenten Aufbau einer ökologischen

---

[15] Für eine Überblick der wesentlichen Ideen der Kernkompetenzenliteratur. Vgl. auch Raub (1998b).

Kompetenz langfristige Wettbewerbsvorteile gesichert hat. Wir verwenden den Fall der "Handel AG" dazu, wesentliche Etappen des Prozessmodells zu illustrieren. Abschliessend untersuchen wir den Zusammenhang zwischen kompetenzorientiertem Management und Wissensmanagement und stellen einige Instrumente aus dem Bereich des Wissensmanagements vor, mit denen die verschiedenen Phasen des Aufbaus organisationaler Kompetenz gezielt unterstützt werden können.

3.2 Organisationale Kompetenzen - Ein kurzer Überblick über den "state-of-the-art"

Zum Verständnis der Literatur über organisationale Kompetenzen[16] ist es nützlich, einen kurzen Blick auf jüngere Entwicklungen in der Theorie des strategischen Managements zu werfen. Diese lassen sich, vereinfacht gesagt, als eine Debatte zwischen Vertretern der "industrieökonomischen" und jenen der "ressourcenorientierten" Schule darstellen. Die Industrieökonomen, als deren populärster Vertreter der Harvard-Professor Michael Porter gilt, und die Vertreter des ressourcenorientierten Ansatzes trennt eine unterschiedliche Schwerpunktsetzung in der Frage, wie sich dauerhafte Wettbewerbsvorteile von Unternehmen erklären lassen.

Bei den Industrieökonomen steht der Blick auf spezifische Faktoren des industriellen Umfeldes im Vordergrund. Porter's "fünf Kräfte" des Branchenwettbewerbs illustrieren beispielsweise die Attraktivität von Industrien in Abhängigkeit von der Verhandlungsmacht von Lieferanten und Kunden sowie von direkter und indirekter Konkurrenz (Porter, 1980, 1985, 1991). Der ressourcenorientierte Ansatz (Barney, 1991; Conner, 1991; Wernerfelt, 1984, 1995) konzentriert sich dagegen in erster Linie auf die Analyse und Bewertung von Ressourcen, die sich in der Verfügungsmacht von Unternehmen befinden. Ressourcen, die eine Reihe besonderer Eigenschaften aufweisen (wettbewerbliche Relevanz, Seltenheit, sowie Schwierigkeit der Imitation und Substitution), gelten dabei als besonders geeignet zur Herbeiführung langfristiger Wettbewerbsvorteile (Barney, 1991).

Etwas vereinfacht lässt sich sagen, dass beide Ansätze die zentrale Wichtigkeit eines "fits" von Stärken und Schwächen des Unternehmens mit Chancen und Gefahren des Wettbewerbsumfeldes anerkennen - ein Kerngedanke der in der sogenannten SWOT-

---

[16] Aus Gründen der terminologischen Vereinfachung verwenden wir in diesem Band den Begriff "organisationale Kompetenzen" als einen Sammelbegriff, der verschiedene Terminologien wie beispielsweise "Kern"kompetenzen (core competence), "Kern"fähigkeiten (core capabilities), organisationale Fähigkeit (organizational capability) oder dynamische Fähigkeiten (dynamic capabilities) abdeckt. Die inhaltlichen Elemente dieser verschiedenen Ansätze werden im folgenden Literaturüberblick getrennt und jeweils kurz dargestellt.

Analyse seinen Ausdruck findet - bei der Umsetzung dieses Gedankens jedoch unterschiedliche Schwerpunkte setzen.

Die Entwicklung verschiedener Ansätze des kompetenzorientierten Managements lässt sich vor dem Hintergrund des ressourcenorientierten Ansatzes einfach nachvollziehen. Die Argumentation sieht dabei etwa folgendermassen aus: Organisationale Kompetenzen bestehen aus einer Kombination verschiedener organisationaler Ressourcen (beispielsweise Produktionsmittel, Technologien, Humanressourcen etc.). In einem langandauernden Aufbauprozess organisationalen Lernens werden die verschiedenen an einer organisationalen Kompetenz beteiligten Ressourcen zu einem für Aussenseiter nahezu undurchdringlichen Bündel verknüpft. Häufig ist diese Kombination von Ressourcen aufgrund ihrer Komplexität für Wettbewerber schwer nachvollziehbar und bildet daher - gesetzt den Fall, dass sie wettbewerblich relevant ist - eine solide Grundlage für dauerhafte Wettbewerbsvorteile.

> Organisationale Kompetenzen haben eine konkrete Bedeutung für zahlreiche wettbewerbsbestimmende Faktoren wie beispielsweise die Produktivität oder Innovationskraft von Unternehmen. Warum es Sony immer wieder auf brillante Art und Weise gelingt, konventionelle Produkte zu miniaturisieren und ihnen dadurch einen neuen Nutzen zu verleihen oder warum 3M eine nie versiegende Quelle neuer Produktideen ist, lässt sich nicht auf eine einzige Technologie oder eine begrenzte Gruppe von Individuen zurückführen, sondern bildet vielmehr eine Eigenschaft, die sich nur noch dem System Organisation als Ganzem zuschreiben lässt. Diese herausragenden Leistungen beruhen auf organisationalen Kompetenzen.

Aufbauend auf der Grundidee organisationaler Kompetenz als einer speziellen und besonders bedeutenden Ressource von Unternehmen haben sich eine Reihe verschiedener Ansätze entwickelt. In zwei sehr frühen Beiträgen von Selznick (1957) und Andrews (1971) findet sich ein Grundgedanke, der sich nahtlos durch sämtliche Ansätze des kompetenzorientierten Managements hindurchzieht. Dieser betrifft den Aspekt der wettbewerblichen Einzigartigkeit. Andrews greift beispielsweise als "charakteristische" Kompetenz"[17] jene Tätigkeiten des Unternehmens heraus, die dieses auf "besonders gute Weise ausführen kann". Die Querverbindung zu dem wesentlich jüngeren Kernkompetenzen-Ansatz wird hier bereits deutlich.

Während ältere Konzepte organisationale Kompetenz noch weitgehend an isolierten funktionalen Fähigkeiten des Unternehmens festmachen, die besonders gut für ein bestimmtes Wettbewerbsumfeld geeignet sind, gehen Prahalad/Hamel (1990) in ihrer Formulierung des Kernkompetenzen-Ansatzes einige Schritte weiter. Sie betonen vor allem das gemeinsame Lernen und Teilen von Wissen zwischen Funktionen und verschiedenen Geschäftsbereichen eines Unternehmens.

---

[17] Selznick (1957) und Andrews (1971) verwenden den Terminus "distinctive competence", der sich am direktesten als "charakteristische" Kompetenz eines Unternehmens übersetzen lässt.

Technologie spielt im Kernkompetenzen-Ansatz eine besondere Rolle. Prahalad und Hamel verstehen Wettbewerbsvorteile in Endproduktmärkten als eine Konsequenz von Vorsprüngen im Bereich grundlegender Technologien und bedeutender, oft branchenübergreifender, "Kernprodukte". Aufgabe des Top-Managements ist es, durch die Formulierung eines geeigneten "strategic intent" die bereichsübergreifende Kombination von Ressourcen zu fördern und Verluste strategisch bedeutsamen Wissens zu vermeiden.

Unter der Überschrift "organisationaler Fähigkeiten"[18] haben eine Reihe von Autoren komplementäre Perspektiven zur Kernkompetenzen-Idee entwickelt. Leonard-Barton (1992, 1995) weist beispielsweise darauf hin, dass sich kompetenzorientiertes Management auf eine Kombination von Faktoren auf verschiedenen Ebenen konzentrieren muss. Kompetenzen werden ihr zufolge durch eine Kombination von individuellen Fähigkeiten und Wissen, Technologie, Managementsystemen und organisationalen Werten und Normen geformt. Eine Vernachlässigung eines dieser Elemente kann ein Zusammenfallen des ganzen Kompetenz-Gebäudes nach sich ziehen.

In anderen Beiträgen wird vor allem die Funktion von Kompetenzen als Koordinationsmechanismen hervorgehoben. Kompetenzen lassen sich nach dieser Auffassung als Kombination organisationaler Routinen beschreiben (Chandler, 1992; Collis, 1994; Grant, 1991; Kogut/Zander, 1993; Nelson, 1991). Organisationale Routinen lenken die Zusammenarbeit von Individuen in Organisationen (Nelson/Winter, 1982; Pentland/Rueter, 1994). Sie beschränken sich nicht auf Gruppen oder Funktionen sondern regeln das Zusammenspiel individueller Handlungen unabhängig von organisationalen Grenzen. Routinen bieten daher einen vielversprechenden Ansatzpunkt zur Erklärung des funktionsübergreifenden Aspekts organisationaler Kompetenz (Bartmess/Czerny, 1993; Grant, 1991) sowie der Entstehung sozialer Komplexität (Collis, 1994, 1996).

---

[18] Die meisten hier erwähnten Autoren bedienen sich des Terminus "capability", teilweise in Kombination mit qualifizierenden Zusätzen wie "core", "organizational" oder "dynamic". Aus dieser Terminologie eine grundlegende Verwandtschaft bzw. konzeptionelle Opposition zum Kernkompetenzenansatz abzuleiten ginge jedoch einen Schritt zu weit. Vgl. Raub (1998a) für eine detailliertere Analyse der Literatur.

Ansatz	Kerngedanken	Literatur
Ressourcenorientierter Ansatz (resource-based view)	▪ Profitabilität und langfristige Wettbewerbsvorteile beruhen auf idiosynkratischen Ressourcen. ▪ Besonders wertvoll sind jene Ressourcen, die wettbewerblich relevant, selten sowie schwer imitierbar und schwer substituierbar sind.	Wernerfelt (1984) Barney (1991) Conner (1991)
Charakteristische Kompetenz (distinctive competence)	▪ Differenzierung im Wettbewerb beruht auf Aktivitäten, die ein Unternehmen besonders gut meistert	Selznick (1957) Andrews (1971)
Kernkompetenzen (core competence)	▪ Kernkompetenzen entstehen durch kollektives Lernen und beruhen häufig auf einer technologischen Basis. ▪ Sie generieren Kernprodukte und begründen langfristige Wettbewerbsvorteile in Endproduktmärkten.	Prahalad und Hamel (1990)
Organisationale Fähigkeiten (organizational capability)	▪ Organisationale Fähigkeiten bestehen aus Wissen, Technologien, Systemen sowie Werten und Normen. ▪ Sie sind essentiell für die Koordination organisationalen Handelns.	Collis (1994, 1996) Grant (1991) Kogut und Zander (1993) Leonard-Barton (1992, 1995)

Abbildung 13: Quervergleich verschiedener Kompetenzansätze

Ein weiterer interessanter Aspekt betrifft die Unterscheidung zwischen Kompetenzen, welche sich auf die Ausnutzung bestehender Wettbewerbsvorteile beziehen, und solchen, die für den Aufbau neuer Vorteile zuständig sind (Mahoney, 1995; Nelson, 1991; Teece et al., 1992). Leonard-Barton weist begründetermassen darauf hin, dass der routinisierte Charakter organisationaler Kompetenzen in vielen Fällen nicht Wettbewerbsvorteile begründet sondern vielmehr dazu führt, dass Unternehmen zu lange an eingefahrenen Praktiken festhalten, auch wenn diese unter Wettbewerbsaspekten längst zu einem Hindernis geworden sind. Firmen, die in eine solche "Kompetenz-Falle" tappen, stellen häufig fest, dass genau jene Eigenschaften, die den besonderen Wert von Kompetenzen ausmachen - ihr langfristiger Aufbau und ihre soziale Komplexität - auch nicht zu unterschätzende Gefahren in dynamischen Wettbewerbsumfeldern darstellen können.

> Abbildung 13 illustriert die Kernideen der verschiedenen Theorieansätze, die zum Verständnis organisationaler Kompetenz beitragen. Trotz aller Unterschiede in konzeptionellen Details weisen diese verschiedenen Ansätze ein grosse Zahl von Gemeinsamkeiten auf. Sie betonen die Bedeutung unternehmenseigener Ressourcen für den Wettbewerbserfolg von Unternehmen. Weiterhin weisen sie auf die Wichtigkeit der Kombination von Ressourcen. Komplexe Bündel von Wissen, Technologie, Managementsystemen und kulturellen Elementen erschweren die Imitation oder Substitution von Kompetenzen und erhöhen damit ihren Wert als Quelle langfristiger Wettbewerbsvorteile.

3.3 Entwicklung organisationaler Kompetenzen – Ein Prozessmodell

3.3.1 Perspektiven und Fallstudie

Die bestehende Literatur zum kompetenzorientierten Management weist mehrere Schwächen auf, die aus einer Praxisperspektive heraus bedenklich erscheinen. So konzentrieren sich beispielsweise die meisten theoretischen Betrachtungen ausschliesslich auf unternehmensinterne Aspekte. Die Verknüpfung unterschiedlicher Ressourcen zu einem schwer durchschaubaren Bündel – so argumentieren sie - bietet die Gewähr dafür, dass es den Wettbewerbern nur schwer gelingt organisationale Kompetenzen zu imitieren.

Ein solches Modell lässt jedoch eine fundamentale Frage unbeantwortet. Wie nämlich kann die Organisation sicherstellen, dass diese schwer imitierbare Fähigkeit auch den Anforderungen des jeweiligen Wettbewerbsumfeldes genügt. Zur internen Betrachtung gehört also notwendigerweise auch eine komplementäre Perspektive, die auf die Zusammenhänge zwischen Entwicklungen im Markt und Prozessen des Kompetenzaufbaus eingeht.

Eine weitere Schwäche - neben dem blinden Fleck des Wettbewerbsaspektes - liegt darin, dass in den meisten Beiträgen zum kompetenzorientierten Management eine statische ex-post-Perspektive dominiert. Es ist sicherlich interessant, eine logische Erklärung für den Erfolg von Unternehmen wie NEC oder Sony zu erhalten. Für den Praktiker wesentlich relevanter ist dagegen eine Analyse der Prozesse, die zu diesen Erfolgen geführt haben. Wir versuchen im folgenden, detaillierte Aussagen zu den Entstehungsprozessen organisationaler Kompetenz zu machen.

Das hier vorgestellte Prozessmodell spricht beide Schwachpunkte der bestehenden Literatur an. Es beschreibt eine Sequenz von Phasen in der Entwicklung organisationaler Kompetenz. Darüber hinaus isoliert es eine Reihe von Faktoren, die in den einzelnen Phasen von besonderer Bedeutung sind. Kompetenzentwicklung wird nicht aus einer reinen Unternehmensperspektive heraus betrachtet, sondern das Modell berücksichtigt ausdrücklich auch die Frage, wie Kompetenzentwicklung und Veränderungen in der Umwelt synchronisiert werden können um so die Wettbewerbsrelevanz der neu entwickelten Kompetenzen so gut wie möglich sicherzustellen.

Die Entwicklung des Modells beruht auf einer ausführlichen empirischen Studie im Einzelhandel. Der wesentliche Grundgedanke der empirischen Vorgehensweise und des daraus resultierenden Konzeptes besteht darin, dass organisationale Kompetenzen in den seltensten Fällen das Resultat eines langfristig und bis ins Detail geplanten Managementprozesses sind. Vielmehr entsteht in Organisationen andauernd neues Wissen, das zu einem Bestandteil zukünftiger organisationaler Kompetenz werden kann. Diese Wissensgenerierung kann in einer Vielzahl von Kontexten erfolgen: beim individuellen Problemlösen, auf Konferenzen und in Meetings, bei der Arbeit in Projektgruppen oder im Kontakt mit den zahlreichen externen Anspruchsgruppen der Organisation.

Ob sich diese Vielzahl kleiner, innovativer Prozesse eines Tages zu einer organisationalen Kompetenz verbindet hängt von den jeweiligen Innovationsträgern genauso ab wie von der Fähigkeit des Managements, gemeinsame Ziele für die Organisation zu entwickeln und zu modifizieren sowie die zahllosen verstreuten Aktivitäten von Organisationsmitgliedern in geeigneter Weise zu unterstützen, zu bündeln und zu koordinieren. Um beiden Aspekten Rechnung tragen zu können, muss eine Untersuchung der Entstehung organisationaler Kompetenz die Analyseebene der Organisation verlassen und sich mit kleineren Einheiten sowie den Prozessen zwischen diesen Einheiten befassen.

In der empirischen Studie haben sich einzelne strategische Projekte als zwischengelagerte Analyseebene herauskristallisiert. Dies stimmt mit der Erkenntnis überein, dass ein steigender Anteil organisationaler Tätigkeiten in Form von Team- oder Projektarbeit gestaltet ist (Katzenbach/Smith, 1993). Projekten kommt ausserdem eine besondere Bedeutung für innovative Tätigkeiten zu. Auf dieser Grundlage lässt sich das Modell im wesentlichen in zwei Perspektiven trennen: eine "Intra-Projekt-Perspektive" sowie eine "Inter-Projekt-Perspektive".

Aus der Intra-Projekt-Perspektive heraus betrachtet geht es bei Kompetenzentwicklung um, innovative Tätigkeiten innerhalb einzelner Projekte. Dabei spielen mehrere Aspekte eine Rolle. Auf inhaltlicher Ebene stellt sich die Frage, wie die strategische Stossrichtung neuer Projekte zustande kommt. Welchen Anteil hat die offizielle Unternehmensstrategie und welchen Beitrag leisten Projektmitglieder oder die unternehmerisch denkenden Initiatoren neuer Projekte.

Weiterhin geht es darum, zu untersuchen, wie das in der Organisation bereits vorhandene Wissen um ein neues Projekt herum gebündelt werden kann. Welche Möglichkeiten haben Projektmanager, ihre Ziele innerhalb der Organisation publik zu machen und interessierte Experten zur Mitarbeit zu animieren? Schliesslich geht es um das Management der Schnittstelle zwischen Projekten und dem Rest der Organisation. Wie positionieren sich neue Projekte im Unternehmen, wie erwerben sie Ressourcen und Glaubwürdigkeit, und schliesslich, wie transferieren sie ihr neu gewonnenes Wissen an andere Organisationsmitglieder, deren Unterstützung für eine erfolgreiche Projektumsetzung benötigt wird? Abbildung 14 symbolisiert diese Herausforderungen.

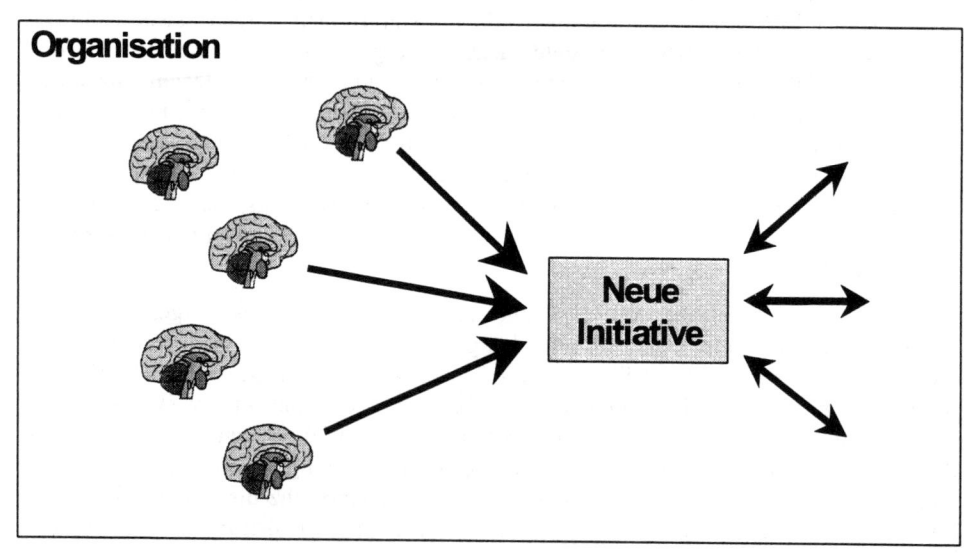

Abbildung 14: Die Intra-Projekt-Perspektive

Aus der Inter-Projekt-Perspektive heraus steht die Frage im Vordergrund, wie die Arbeit verschiedener innovativer Projekte auf der Organisationsebene zusammengeführt werden kann. Die dezentrale Natur innovativer unternehmerischer Initiativen hat vor allem in grossen Unternehmen häufig Doppelspurigkeiten zur Folge. Hier stellt sich die Frage, wie exzessive Konkurrenz zwischen neuen Initiativen vermieden und Lernprozesse zwischen verschiedenen Projekten gefördert werden können. Top-

Management-Entscheidungen sind dabei häufig unerlässlich, um parallele Initiativen zusammenzuführen und das in verschiedenen Projekten akkumulierte Wissen in eine stabile organisationale Struktur zu überführen. Abbildung 15 verdeutlicht diesen Übergang von isolierten Initiativen zu einer koordinierten organisationalen Kompetenz.

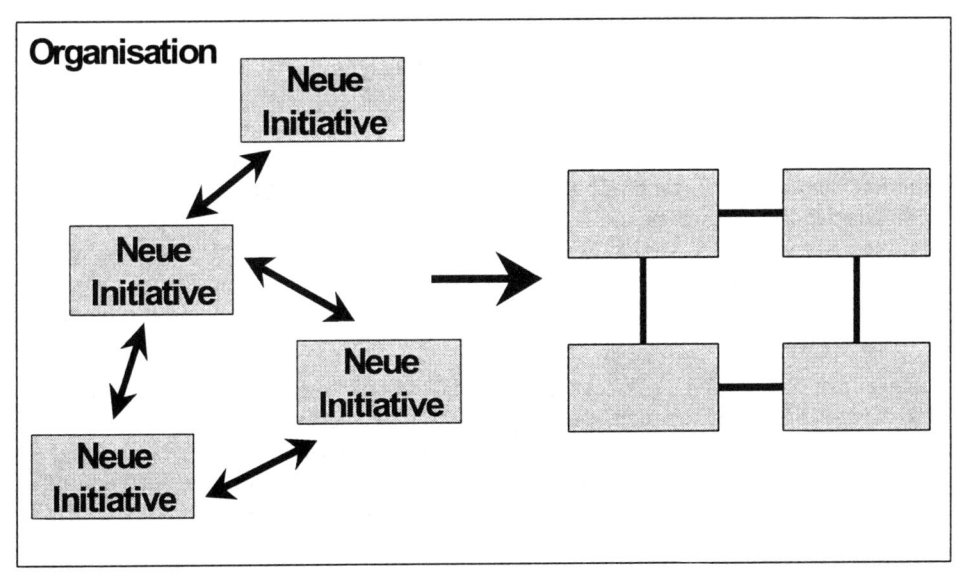

Abbildung 15: Die Inter-Projekt-Perspektive

Die Unterscheidung in Intra- und Inter-Projekt-Perspektive bildet eine grobe Klassifizierung, die es erlaubt, Prozesse auf der Projektebene und Prozesse auf der organisationalen Ebene, d.h. zwischen verschiedenen Projekten, voneinander zu trennen. Wir werden im nächsten Abschnitt einen konkreten Prozess des Kompetenzaufbaus untersuchen, um die einzelnen Etappen auf diesen zwei Ebenen deutlicher herauszuarbeiten.

AUFBAU ÖKOLOGISCHER KOMPETENZ BEI DER HANDEL AG

Das in den vorangegangenen Abschnitten entwickelte Phasenmodell der Entwicklung organisationaler Kompetenz mag in einigen Bereichen abstrakt erscheinen. Daher werden die Inhalte der wesentlichen Phasen in den nun folgenden Abschnitten anhand eines konkreten Beispiels illustriert. Der hier gewählte Fall der Handel AG[19] betrifft ein nationales Einzelhandelsunternehmen, dem es in langjähriger Arbeit gelungen ist, eine "ökologische Kompetenz" aufzubauen. Nach einem kurzen Überblick über die wesentlichen Projekte, die hieran beteiligt waren, wird die Entwicklung ökologischer Kompetenz bei der Handel AG aus einer Intra- und einer Inter-Projekt-Perspektive betrachtet.

Ökologieorientierte Projekte

Die Handel AG begann bereits in den 70er Jahren mit ökologieorientierten Initiativen zu experimentieren. Dies begann mit der Aufnahme ökologischer Ziele in die strategischen Leitlinien des Unternehmens und führte zunächst zu einigen verstreuten und weitgehend isolierten Aktivitäten. Aus inhaltlicher Perspektive betrafen diese ersten "Gehversuche" kritische Substanzen in Produkten (beispielsweise den Phosphatgehalt von Waschmitteln), erste Recycling-Aktionen sowie die Frage ökologisch sinnvoller Verpackungsmaterialien und Verpackungen.

Anfang der 80er Jahre entwickelte sich das erste formal definierte vollwertige "Ökologie-Projekt". Unter dem Namen "ÖkoEins"[20] befasste sich dieses mit zwei Schwerpunkten. Einerseits standen Fragen der Verpackungsminimierung und -optimierung im Vordergrund. Andererseits entwickelte es erste Ansätze zur Definition und Kommunikation eines "Öko-Labels", welches als gemeinsames Dach aller Öko-Aktivitäten bei der Handel AG dienen sollte.

Im Laufe der 80er Jahre entstanden ebenfalls eine grössere Anzahl isolierter Aktivitäten in verschiedenen Organisationsbereichen. Diese befassten sich mit verschiedenen Fragen technischer Natur, welche die ökologische Komponente des Einzelhandelsgeschäfts beeinflussten. Zu Beginn der 90er Jahre wurde der Versuch unternommen, diese Aktivitäten zu bündeln. Die Einrichtung eines sogenannten "Ökologie-Stabes" verfolgte die Absicht, eine gemeinsame Anlaufstelle für ökologisches Wissen zu schaffen. Der Ökologie-Stab befasste sich mit Fragen der Verpackung, Aspekten technischer Ökologie sowie auch mit Produktentwicklungs-Initiativen im Food- und Non-Food-Bereich.

Im weiteren Verlauf bestimmten vor allem zwei neue Projekte das ökologische Auftreten des Unternehmens. Das Projekt "ÖkoFood" befasste sich mit der Einführung einer umfassenden Palette ökologischer Lebensmittelprodukte. Ausgehend von Früchten und Frischgemüse entwickelte sich das Projekt in den Bereich der Milchprodukte sowie den Fleisch- und Trockensortiments-Bereich. Ein weiteres Projekt, "ÖkoTextil" genannt, führte eine Reihe ökologisch optimierter Textilien ein, die in exklusiver Partnerschaft

---

[19] Diese Fallstudie basiert auf einer empirischen Untersuchung eines realen Unternehmens der Einzelhandelsbranche. Aus Gründen der Vertraulichkeit muss ein fiktiver Name verwendet werden.

[20] Dieser wie auch alle weiteren Projektnamen ist aus Gründen der Vertraulichkeit ebenfalls fiktiv.

mit Textilproduzenten und Umweltorganisationen in den Markt eingeführt wurden. Beide Projekte hatten erhebliche Erfolge, sowohl im Hinblick auf ihre Umsatzentwicklung als auch unter der Perspektive des damit für die Handel AG verbundenen Image-Gewinns.

Gegen Mitte der 90er Jahre wurden die ökologischen Aktivitäten grundlegend neustrukturiert. Die Zuständigkeiten zwischen Projekten und das Verhältnis von Projekten zum "Ökologie-Stab" wurde neu geregelt. Neue Berichtslinien zum Top-Management sowie neu eingerichtete Koordinationsteams verbesserten das Controlling der internen Prozesse in den verschiedenen Aktivitäten und eliminierten Überschneidungen. Abbildung illustriert die Abfolge der wesentlichen ökologischen Initiativen bei der Handel AG.

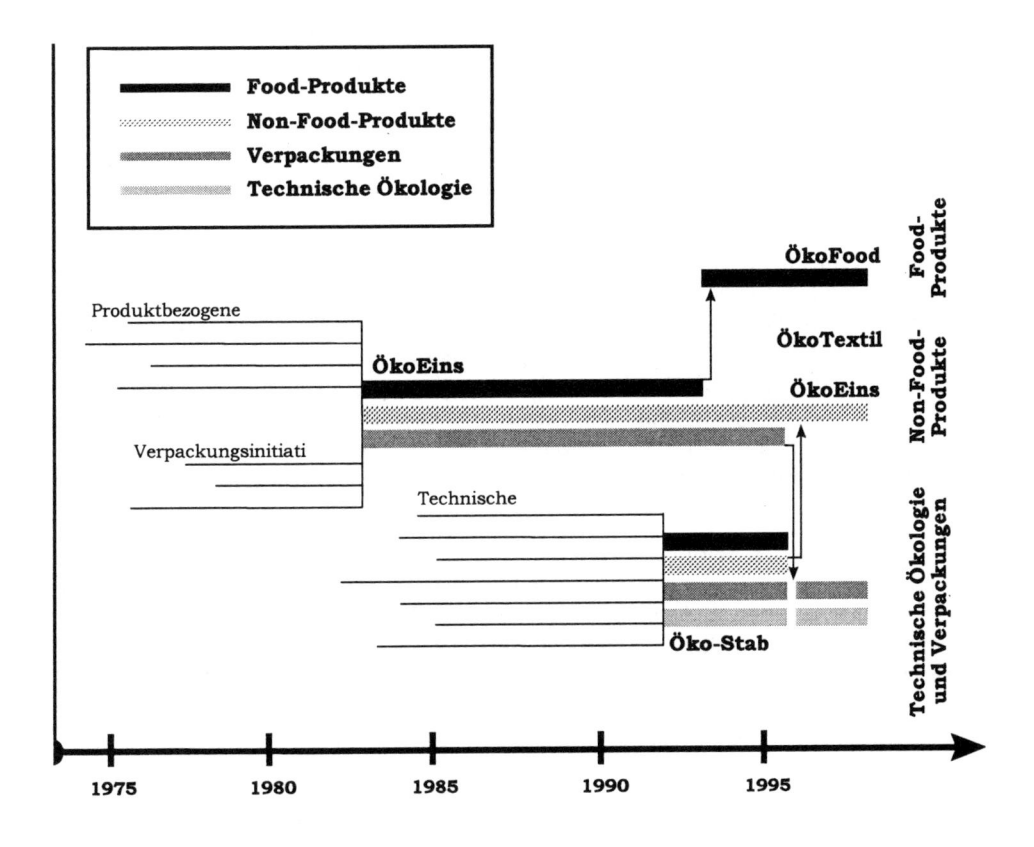

Abbildung 16: Ökologische Initiativen und Projekte bei der Handel AG

3.3.2 Ökologische Kompetenz: Die Intra-Projekt-Perspektive

Der Fall der Handel AG bietet ein hervorragendes Beispiel für das Zusammenspiel von Unternehmensstrategie auf Top-Management-Ebene und unternehmerischen Initiativen in der mittleren Managementebene. Das strategische Ziel, den Umweltschutz zu fördern und sich mit ökologischen Leistungen im Wettbewerb zu profilieren, war bereits seit den 70er Jahren in den Leitlinien des Unternehmens verankert. Wenig später fand es auch Eingang in die strategische 5-Jahres-Planung und war somit ein Bestandteil der offiziellen strategischen Stossrichtungen des Unternehmens.

Ermutigt durch diesen Hintergrund entwickelten sich verschiedenste dezentral initiierte Projekte, die den Zusammenhang von Ökologie und Einzelhandel untersuchten. Die sehr unterschiedlichen Projektinhalte richteten sich an den jeweils aktuellen Fragestellungen aus und brachten den strategic intent somit in direkten Bezug zu wettbewerbsrelevanten Problemen des Einzelhandels. Als das älteste der Projekte befasste sich ÖkoEins mit den brennenden ökologischen Themen der 80er Jahre und somit vor allem mit der Verpackungsfrage. ÖkoFood und ÖkoTextil griffen die in den 90er Jahren aktuellere Problemstellung ökologischer Produktleistungen auf und entwickelten entsprechende ökologieorientierte Sortimente.

Sämtliche Projekte erfüllten ihre Rolle als "Kristallisationspunkte" individuellen Wissens. Ökologieorientierte Mitarbeiter sammelten sich um die weitgehend autonom operierenden Projekte und trugen zur inhaltlichen Gestaltung bei. Eine bewusst abteilungsübergreifende Zusammensetzung förderte die Einbeziehung wichtiger funktionaler Perspektiven und legte die Grundlage für die spätere reibungslose Ausdehnung der Projekte auf das gesamte Unternehmen. Als Resultat dieser anfänglichen Projektarbeit entstanden strategische Pläne und erste konkrete Entwürfe zur Umsetzung des strategischen Ziels "ökologischer Einzelhandel" in konkrete Initiativen und Produkte.

Aufbauend auf dieser Startphase begannen die einzelnen Projektmanager damit, ihre Ansätze unternehmensintern publik zu machen. Wie zu erwarten stiessen die Projekte auf erheblichen internen Widerstand. Trotz der offiziellen strategischen Verankerung des Umweltthemas waren viele Managern des Unternehmens nicht von der Notwendigkeit eines ökologischen Kurswechsels überzeugt. Die Aufgabe der Projekte bestand daher nicht zuletzt darin, ökologische Initiativen von einem "grüne Spinner"-Image zu befreien und die darin verborgenen Wettbewerbschancen zu illustrieren.

Das Top-Management der Handel AG erfüllte in diesem Zusammenhang die Aufgabe einer Evaluationsinstanz. Es wählte die erwähnten Projekte unter einer Reihe von ökologischen Alternativen aus und stellte entsprechende Ressourcen zu deren Ausweitung bereit. Im Zeitablauf betrachtet lenkte es darüber hinaus den Fluss von Ressourcen auf jene Projekte, die näher an den jeweiligen Wettbewerbserfordernissen lagen. Als Folge hieraus wurden wachsende Anteile in die produktorientierten Projekte

ÖkoFood und ÖkoTextil investiert, während die Unterstützung des Projektes ÖkoEins mit sinkender Relevanz des Verpackungsproblems entsprechend eingeschränkt wurde.

In der anschliessenden Kollektivierungsphase gelang es vor allen den Projekten ÖkoFood und ÖkoTextil, organisationale Routinen aufzubauen, die auf eine kollektive Kompetenz in den jeweiligen Bereichen hindeuten. Unterstützt wurde dies durch direkte (finanzielle) und indirekte (kommunikative) Hilfe des Top-Managements. Ein Direktoriumsmitglied, das sich mit seinem persönlichen Gewicht für ökologische Anliegen einsetzte und für die Projekte Werbung betrieb, trug erheblich zu einer verbesserten Glaubwürdigkeit und damit zu grösserer Unterstützung durch andere Organisationsmitglieder bei. Speziell zur Verfügung gestellte Ressourcen, wie beispielsweise ein neu geschaffener "Öko-Fonds", gestatteten den Projekten die Durchführung organisationsinterner Informations- und Schulungsprogramme, welche ebenfalls zu grösserer Identifikation mit den Projekten und letztlich zu einer breiteren Unterstützung beitrugen.

Als Resultat beider Prozesse entwickelten sich bei ÖkoFood und ÖkoTextil funktions- und bereichsübergreifende organisationale Routinen heraus. Beide Projekte erhielten Unterstützung von mehreren Funktionen. Die Einkaufsabteilung bemühte sich aktiv um die Identifikation neuer geeigneter Produkte und ermutigte Lieferanten zu Neuentwicklungen und Produktmodifikationen, die den Kriterien der Projekte gerecht wurden. Die Marketing- und Verkaufsseite bemühte sich um kreative Kommunikationskonzepte, schulte Mitarbeiter für den aktiven Verkauf der neuen Projekte und stellte entsprechende Aktionen am Verkaufspunkt sicher. Die jeweiligen Projektteams waren schliesslich für die Qualitätskontrolle verantwortlich und stellten die Zusammenarbeit mit externen Partnern (beispielsweise bei der Vergabe von Umweltlabels) sicher.

Das charakteristische Element kollektiver Kompetenz in diesem Zusammenhang besteht darin, dass die Beiträge der verschiedenen Beteiligten spontan erfolgten und ihre Koordination durch geteiltes Wissen erfolgte. Im Fall der Projekte ÖkoFood und ÖkoTextil bestand dieses kollektive Wissen aus einem Verständnis des Gesamtprozesses sowie der Rolle, die jeder einzelne Teilnehmer im Rahmen dieses Gesamtprozesses spielte. Projektteams stellten die Pflege und Aktualisierung des gemeinsamen Wissensbestandes sicher. Sie definierten Standards für die Projekte und erläuterten wichtige Abläufe (beispielsweise für die Einführung neuer Produkte) sowie wichtige Schnittstellen (beispielsweise diejenige zwischen Einkäufern und Marketingverantwortlichen). Die eigentliche Koordination der Abläufe erfolgte anschliessend jedoch auf dezentrale Weise, ohne kontinuierliche Intervention der Projektteams, was den Charakter kollektiver Kompetenz unterstreicht.

Interessanterweise gelang im Fall des Projektes ÖkoEins keine vergleichbare Etablierung kollektiver Kompetenz. Im Zuge der Verschiebungen im Wettbewerbsumfeld hatte das Top-Management dem Projekt sukzessive die Unterstützung entzogen. Als Resultat hieraus konnte das Projektteam weder auf Legitimation durch das Top-Management noch auf gesonderte finanzielle Ressourcen zurückgreifen. Die intensive Kommunikation und Motivation aller Beteiligten, die zum Aufbau kollektiven Wissens unerlässlich ist, konnte somit nicht erfolgen und der Aufbau kollektiver Kompetenz misslang.

3.3.3 Ökologische Kompetenz: Die Inter-Projekt-Perspektive

Anhand der Entwicklung von ÖkoEins, ÖkoFood und ÖkoTextil lässt sich eindeutig nachvollziehen welche Ambivalenz sich in der Beziehung paralleler Initiativen vor allem in grossen Unternehmen entwickeln kann. Auf der einen Seite bietet eine solche Situation die Möglichkeit gegenseitigen Lernens und die Nutzung von Synergieeffekten. Andererseits verspüren Projektmitglieder immer auch einen deutlichen Konkurrenzdruck, der sich aus dem Wettbewerb um knappe Ressourcen des Unternehmens herleitet. Am deutlichsten fühlbar wurden die negativen Effekte von "Konkurrenzprojekten" in diesem Fall für das Projektmanagement von ÖkoEins." Kontinuierlicher Entzug von Ressourcen führte dazu, dass dem Projekt keine mit ÖkoFood und ÖkoTextil vergleichbar Entwicklung gelang.

Im gleichen Masse illustriert dieses Beispiel aber auch die gegenseitige Abhängigkeit von Projekten, die in einem gemeinsamen Bereich aktiv sind. ÖkoFood und ÖkoTextil galten innerhalb der Handel AG als die eigentlichen "Erfolgsprojekte". Dies lag unter anderem daran, dass sie unmittelbar auf Produktleistungen konzentriert waren und ihr Erfolg somit in Form von Umsatzvolumen und Deckungsbeitrag messbar war. Dies galt in wesentlich geringerem Umfang für die Verpackungsinitiative im Rahmen von ÖkoEins sowie die technisch ausgerichteten Aktivitäten des Ökologie-Stabes.

Dennoch verspürten ÖkoFood und ÖkoTextil, dass in gleichem Masse wie ihr Erfolg auch ihre Abhängigkeit von "grundlegenderen" ökologischen Aktivitäten innerhalb des Unternehmens zunahm. Die Glaubwürdigkeit ökologischer Produktleistungen konnte nur dann gewährleistet werden, wenn das Unternehmen als ganzes auch in anderen Bereichen ein ökologisch korrektes Profil aufzuweisen hatte. Dies galt sowohl für den technischen Bereich als auch für den Verpackungsaspekt ökologischer Produkte. Ein ökologisches Produkt war nur in einer ökologisch akzeptablen Verpackung denkbar und konnte nur am Ende einer ökologisch durchdachten Distributionskette glaubhaft verkauft werden.

Auch auf anderen Ebenen wurden Querverbindungen deutlich. So operierten die drei Projekte ursprünglich mit drei verschiedenen extern zertifizierten Umweltstandards. Mit zunehmendem öffentlichen Interesse an den Projekten und wachsenden Kommunikationsbudgets wurde diese Diskrepanz zunehmend zur Belastung. Als Resultat hieraus einigten sich die drei Projektteams auf einen gemeinsamen ökologischen Standard, der von einer unabhängigen Umweltorganisation zertifiziert wurde. Dies hatte den Vorteil, dass die gesamte Kommunikationsstrategie auf diesen

Standard ausgerichtet werden konnte und alle Projekte von den entstehenden Synergieeffekten profitierten.

Diese Angleichung von Standards bietet ein gutes Beispiel für Lernprozesse zwischen inhaltlich verwandten Projekten. Projektteams der Handel AG förderten solche Lernprozesse durch eine interessante Massnahme. In einem fortgeschritteneren Stadium der Projekte vereinbarten die jeweiligen Projektteams den Austausch von Teammitgliedern. Dies führte dazu, dass in jedem Projektteam jeweils mindestens ein Mitglied gleichzeitig Einblick in die Prozesse eines anderen Projektes hatte. Die Angleichung der ökologischen Standards war eine direkte Konsequenz dieser überlappenden Mitgliedschaft. Darüber hinaus führte sie auch zu einer immer stärkeren Anpassung in der Funktionsweise der einzelnen Projekte. Die typischen Abläufe der Projekte, beispielsweise bei einer Neuprodukteinführung, waren als Resultat hiervon nahezu identisch und richteten sich an den "best practices" des jeweils führenden Projektes aus.

Neben Lernprozessen zwischen Projekten war die Koordination der verschiedenen Initiativen auch durch eine fundamentale strukturelle Neuausrichtung gekennzeichnet. Im Streben der einzelnen Projekte nach Legitimität hatten sich im Laufe der Zeit eine beachtliche Anzahl von Redundanzen gebildet. So hatte ÖkoEins neben seinem ursprünglichen Betätigungsfeld - der Verpackungsökologie - auch Aktivitäten im Bereich von Food und Non-Food-Produktentwicklung begonnen. Dies führte zu Überlappungen mit Öko-Food und schwächte gleichzeitig die Entwicklung ökologischer Non-Food-Produkte, die als Stiefkinder des ökologischen Engagements des Unternehmens galten. Neben dieser direkten Projektüberlappung bestand ausserdem ein erheblicher Konflikt mit dem Ökologie-Stab. Dieser befasste sich neben seiner Schwerpunktaufgabe - der "technischen" Ökologie - auch mit Verpackungsfragen, was zu Konflikten und Überschneidungen mit ÖkoEins führte. Als krassestes Beispiel von Redundanz befasste sich der Ökologie-Stab darüber hinaus mit Produktentwicklungs-Initiativen im Food wie auch im Non-Food-Bereich.

Das Top-Management registrierte diese Entwicklung mit wachsendem Unbehagen und entschloss sich schliesslich zu einer Restrukturierung der Aktivitäten. Food-Projekte wurden zur exklusiven Domäne von ÖkoFood. ÖkoEins wurde auf den Bereich Non-Food ausgerichtet - mit Ausnahme von Textilien, die als spezifische Non-Food-Produktgruppe vom Projekt ÖkoTextil betreut wurden. Der Ökologie-Stab schliesslich wurde aller Aufgaben im Produktentwicklungsbereich enthoben und erhielt ausschliessliche Verantwortung für den Bereich technische Ökologie sowie Verpackungsfragen. Die Idee hinter dieser Reorganisation bestand darin, ökologisches "Grundlagenwissen" - z.B. bezüglich Verpackungsmaterialien und technischer Fragen - vom stärker markt- und umsatzorientierten Aspekt ökologischer Produktleistungen zu trennen.

Als Resultat der Integrationsphase gelang es, die im Rahmen von Projekten entwickelten kollektiven Kompetenzen mit den verbleibenden ökologiebezogenen Wissensbeständen der Organisation zu verbinden und eine organisationsweite Kompetenz im Bereich "ökologieorientierter Einzelhandel" zu erzielen. Diese organisationale Kompetenz zeichnet sich durch mehrere Faktoren aus. Ihre Wettbewerbsrelevanz geht aus der Entwicklung erfolgreicher Produktleistungen hervor. Die einzelnen Teilelemente der Kompetenz - in diesem Fall verschiedene Projekte sowie der Ökologie-Stab - decken einen weitgehend vollständigen Bereich relevanten Wissens ab und sind in sich weitgehend redundanzfrei. Interne Koordination schliesslich ist durch die im Rahmen der einzelnen Projekte entwickelten organisationalen Routinen sichergestellt.

Im Anschluss an die strukturelle Neuausrichtung liessen sich Prozesse beobachten, die auf die Verankerung organisationaler Kompetenz hindeuten. Eine Formalisierung der organisationalen Kompetenz erfolgte in erster Linie durch ausführliche Dokumentation. Die gemeinsamen Ökologiestandards der Projekte wurden in ihren Auswirkungen für die einzelnen Projekte detailliert und verbindlich festgelegt. Gemeinsame Prozesse wurden in Form von Handbüchern festgehalten, so beispielsweise in einem eigens erstellten "Ökologie-Handbuch", das einen Überblick über Tätigkeiten und Prozesse der verschiedenen Teilbereiche lieferte. Schliesslich wurde eine grössere Anzahl von Controllinginstrumenten entwickelt, die eine bessere Steuerung sämtlicher ökologischer Aktivitäten auf der Grundlage standardisierter Daten ermöglichten.

Dass sich das Top-Management der Handel AG sowie die mit Ökologie befassten Manager über die Gefahren einer zu starren Fixierung der erworbenen Kompetenz im Klaren sind, lässt sich aus der Einführung eines Beratungsteams erkennen, das den verschiedenen Initiativen zur Seite gestellt wurde. Dieses Team erhielt die explizite Aufgabe, eine "Advocatus Diaboli"-Rolle für den Bereich Ökologie zu übernehmen. Durch ständiges Hinterfragen der bestehenden Aktivitäten soll also eine Versteifung der bestehenden Kompetenz vermieden, die Wahrnehmung "schwacher Signale" aus der Umwelt gefördert und damit letzten Endes strategische Flexibilität aufrechterhalten werden.

Die Fallstudie der Handel AG verdeutlicht den Aufbau organisationaler Kompetenz in zwei Schritten. Abbildung 17 illustriert den Gesamtzusammenhang dieses Prozesses aus der Intra-Projekt- und der Inter-Projekt-Perspektive.

Entwicklung und Management Organisationaler Kompetenz 85

```
┌─────────┐
│ Projekt │
└─────────┘
   ┌─────────┐      ┌────────────┐       ┌──────────────┐
   │ Projekt │ ───► │ kollektive │       │ Inter-Projekt-│
   └─────────┘      │ Kompetenz  │       │   Lernen      │       ┌──────────────┐
      ┌─────────┐   └────────────┘       │     und       │ ────► │organisationale│
      │ Projekt │ ┐ ┌────────────┐       │  strukturelle │       │  Kompetenz    │
      └─────────┘ └►│ kollektive │       │  Integration  │       └──────────────┘
         ┌─────────┐│ Kompetenz  │       └───────────────┘
         │ Projekt │└────────────┘
         └─────────┘
```

Intra-Projekt-Perspektive   **Inter-Projekt-Perspektive**

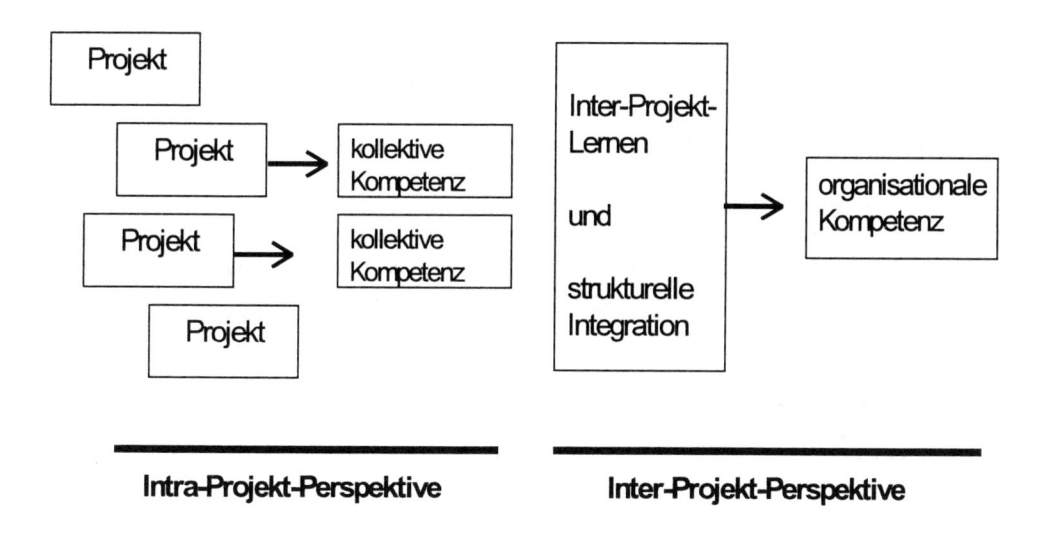

Abbildung 17: Intra-Projekt-Perspektive und Inter-Projekt-Perspektive der Kompetenzentwicklung

Die Unterscheidung in zwei Ebenen – die Projekt- oder Initiativenebene sowie die Gesamtunternehmens-Ebene – leistet einen ersten Beitrag zum besseren Verständnis von Prozessen der Kompetenzentwicklung. Auf dieser Basis ist es möglich, einzelne Phasen genauer voneinander abzugrenzen.

3.3.4 Die Intra-Projekt-Perspektive: Entwicklung "kollektiver Kompetenz"

Wie Abbildung 17 andeutet, gipfeln die projektinternen Prozesse der Kompetenzentwicklung in einem Resultat, das als "kollektive Kompetenz" bezeichnet werden soll. Dahinter verbirgt sich die Tatsache, dass eine grössere Anzahl von Organisationsmitgliedern in der Lage sind, zu einem Projekt beizutragen und ihre jeweiligen Beiträge durch einen gemeinsamen Bestand kollektiven Wissens gesteuert und koordiniert werden.

Kollektive Kompetenz entsteht in drei Etappen. In einem ersten Schritt - der Emergenzphase - entwickeln sich, getrieben durch internes Unternehmertum, eine Anzahl innovativer Projekte. In einem darauffolgenden Schritt - der Evaluationsphase - wird aus Sicht des Top-Managements darüber entschieden, ob und wie diese Projekte mit den strategischen Zielsetzungen des Unternehmens in Einklang gebracht werden können. Fällt diese Evaluation positiv aus, dann wird in einem dritten Schritt - als Kollektivierungsphase bezeichnet - die Entstehung des erforderlichen kollektiven Wissen gefördert. Jede Phase zeichnet sich durch Besonderheiten im Zusammenspiel zwischen verschiedenen Managementebenen aus.

Die Emergenzphase

Die Emergenzphase spielt eine entscheidende Rolle für die inhaltliche Definition neu zu entwickelnder Kompetenz. Zwei wesentliche Faktoren sind für das Resultat dieser Phase verantwortlich. Auf der einen Seite verfügen Organisationen normalerweise über fundamentale strategische Zielsetzungen[21]. Während strategische Planung im vergangenen Jahrzehnt weitgehend an Bedeutung eingebüsst hat, sind sich Theoretiker und Praktiker dennoch über die fundamentale Bedeutung strategischer Richtlinien einig. Hamel/Prahalad (1989) beschreiben die Funktion eines "strategic intent" als die einer groben Marschrichtung für das Unternehmen, ohne dass jedoch detaillierte Ziele sowie Massnahmen zur Erreichung dieser Ziele definiert würden. Das japanische Elektronikunternehmen NEC formulierte beispielsweise einen "strategic intent" in Form einer einzigen globalen Zielvorgabe: "Ausnutzung der Konvergenz von Computer- und Telekommunikations-Industrien" (vgl. Prahalad/Hamel, 1990) der als wesentliche Grundlage für die Entwicklung der heutigen Kernkompetenzen des Unternehmens betrachtet wird.

Strategic intent erfordert letztendlich jedoch auch eine Konkretisierung in Form einzelner Schritte, die zur Erreichung des strategischen Ziels notwendig sind. Während die Formulierung des strategic intent typischerweise eine vordringliche Aufgabe des Top-Managements ist, erfolgt die Konkretisierung häufig auf niedrigeren Managementebenen. Ein innovatives mittleres Management, das unternehmerisch denkt und tätig wird, entwickelt oftmals die Initiativen, die strategic intent greifbar machen (Burgelman, 1983).

Das Zusammenspiel zwischen Top-Management und mittlerem Management in der Formulierung und Implementierung von Strategien lässt sich nahtlos auf die Entwicklung von Kompetenzen übertragen. In der Emergenzphase lässt sich demnach ein strategic intent ausmachen, der zukünftigen Kompetenzen eine inhaltliche Richtung vorgibt. Gleichzeitig entstehen in dieser Phase innovative Initiativen, welche die inhaltlichen Vorgaben der Unternehmensstrategie mit den jeweiligen Gegebenheiten des

---

[21] Für eine theoretische Analyse "strategiefreier" Organisationen Vgl. Inkpen (1996).

Wettbewerbsumfeldes abgleichen und auf dieser Basis geeignete operationale Aktivitäten einleiten.

Die Emergenzphase ist durch eine Wechselwirkung zwischen beiden Ebenen gekennzeichnet. Strategic intent erleichtert die Entstehung inhaltlich kompatibler Initiativen dadurch, dass er ihnen eine offizielle Legitimation verleiht. Umgekehrt lassen neue Initiativen den strategic intent nicht völlig unberührt, sondern lenken ihn durch eine Konkretisierung und Anpassung an die jeweiligen Gegebenheiten oft auch in eine neue Richtung. Strategieformulierung und -implementierung beeinflussen sich also gegenseitig. Im Falle der Handel AG war ökologieorientierter Einzelhandel über lange Jahre ein Bestandteil der strategischen Zielsetzungen. Es blieb jedoch den einzelnen Initiativen und ihren Projektteams überlassen, diesen strategic intent mit Leben zu füllen. Durch die Anwendung auf bestimmte Produkt-Markt-Kombinationen – z.B. Verpackungen, Lebensmittel oder Textilien - wurde so aus Strategie allmählich Realität.

Die Entstehung innovativer Projekte in der Emergenzphase erfüllt neben der strategischen vor allem auch eine operationale Funktion. Die Bekanntmachung neuer Projekte führt dazu, dass relevante Wissensträger innerhalb der Organisation auf neue Aktivitäten aufmerksam werden. Häufig dienen neue Initiativen als "Kristallisationspunkte", um die herum sich interessierte, qualifizierte und motivierte Organisationsmitglieder sammeln. Aus diesen individuellen Wissensbeständen schöpfen neue Projekte ihre innovative Kraft und durch die Kombination der verschiedenen individuellen Fähigkeiten ihrer Mitglieder erhalten sie letztendlich ihren Inhalt. Bei der Handel AG war dies eine essentielle Voraussetzung für den Erfolg ökologischer Initiativen. Die ursprünglichen Projektteams waren weder im Hinblick auf ihre individuellen Kompetenzen noch in Bezug auf ihre verfügbare Zeit in der Lage, die Projekte zum Erfolg zu führen. Dies konnte nur dadurch gelingen, dass Mitarbeiter aus verschiedensten Regionen des Unternehmens den Projekten ihre Unterstützung liehen.

Als Resultat der Emergenzphase bilden sich typischerweise mehrere neue Projekte, die eine detaillierte inhaltliche Vorstellung davon besitzen, wie die groben Leitlinien des strategic intent in konkrete Resultate umzusetzen sind. Bei der Handel AG waren dies die Projekte ÖkoEins, ÖkoFood sowie ÖkoTextil. Neben einer relativ präzisen Zielsetzung verfügen diese Projekte auch über eine ausreichende Zahl von Mitarbeitern, deren individuelle Fähigkeiten geeignet sind, die konzeptionelle Entwicklung des Projektes voranzutreiben.

Die Evaluationsphase

Die an die Emergenzphase anschliessende Evaluationsphase beinhaltet eine Bewertung und Selektion unter verschiedenen Projekten. Die in der Emergenzphase zur Verfügung stehenden Ressourcen sind im Normalfall nicht ausreichend, um eine Implementierung der neuen Projekte sicherzustellen. Das Projektmanagement versucht folglich, eine weitergehende Unterstützung der Projekte in Form zusätzlicher Ressourcenallokation zu erreichen. Dazu betreiben die Mitglieder des Projektteams organisationsinterne "Werbung" für ihre Ziele und versuchen, ihre jeweiligen Projekte an Mitglieder des Top-

Managements zu "verkaufen". Den jeweiligen Projektleitern und ihren Beziehungen zu Mitgliedern des Top-Managements kommt dabei grosse Bedeutung zu.

Im gleichen Umfang wie Projektmitglieder ihre Ziele propagieren bildet sich jedoch auch interner Widerstand gegen neue Projekte heraus. Dieser Widerstand kann unterschiedliche Quellen haben. Generelle Abneigung gegen den mit neuen Projekten notwendigerweise verbunden organisationalen Wandel spielt dabei eine wichtige Rolle. Machtaspekte können hinzukommen. Schliesslich besteht auch eine Rivalität zwischen alternativen Projekten, die sich im gleichen strategischen Kontext bewegen, jedoch unterschiedliche Schwerpunkte setzen, oder unterschiedliche Mittel zur Erreichung der jeweiligen strategischer Ziele favorisieren. Im Fall der Handel AG hatten die Projektteams grosse Mühe damit, ihre Kollegen davon zu überzeugen, dass es sich bei ihren Projekten nicht um ideologisch motivierte grüne Spinnerei handelte. Einige Mitglieder des Top-Managements waren auch davon zu überzeugen, dass die Initiative nicht generell gegen die Interessen des Einzelhandels gerichtet war beziehungsweise Kannibalisationseffekte im normalen Sortiment verursachen könnte.

Ob eine Unterstützung einzelner Projekte durch das Top-Management erfolgt hängt davon ab, welcher dieser verschiedenen Faktoren die Oberhand behält. Generell wird das Top-Management bemüht sein, jene Projekte zu favorisieren, die am besten mit dem vorgegebenen strategic intent kompatibel sind. Im Falle einer grundlegenden Veränderung des Wettbewerbsumfeldes nutzt das Top-Management mitunter jedoch auch die Chance, durch Auswahl eines geeigneten Projektes den strategic intent in eine neue Richtung zu lenken. Die formelle Auswahl eines oder mehrerer Projekte verleiht die für eine weitere Ausdehnung der Projektaktivitäten notwendige organisationale Legitimation. Damit einher geht die materielle und ideelle Unterstützung durch das Top-Management, welche die Grundlage für die nachfolgende Kollektivierungsphase bildet.

Die Kollektivierungsphase

Im Verlaufe der Kollektivierungsphase werden innovative Projekte in die Lage versetzt, ihre Aktivitäten auf ein grösseres, oft organisationsweites Feld auszudehnen. Die wesentlichen Mechanismen, mit denen Top-Manager eine solche Ausdehnung fördern können, umfassen die Allokation zusätzlicher Ressourcen sowie die Aktivierung organisationaler Netzwerke zur Unterstützung der jeweiligen Projektziele.

Materielle und symbolische Unterstützung durch das Top-Management hat einen doppelten Effekt. Einerseits motiviert die offizielle Legitimation zur Teilnahme an einem neuen Projekt. Organisationsmitglieder können ihre Kreativität und Energie nun mit offizieller Bewilligung in den Dienst des Projektmanagements stellen. Darüber hinaus versetzen die zusätzlichen Ressourcen das Projektmanagement in die Lage, aktive Schritte zu ergreifen um den internen Bekanntheitsgrad des Projektes zu fördern und bei anderen Organisationsmitgliedern um Unterstützung nachzusuchen. Gelingt es dem Projektmanagement, den erweiterten Teilnehmerkreis des Projektes zu koordinierter Handlung zu führen, so entsteht eine kollektive Kompetenz für den speziellen Teilbereich dieses Projektes.

Der Fall der Handel AG illustriert, wie bedeutsam die Rolle der Top-Management-Unterstützung für die Entwicklung kollektiver Kompetenz ist. Während ÖkoFood und ÖkoTextil Top-Management-Unterstützung genossen und sich innerhalb relativ kurzer Zeit in weiten Kreisen der Organisation verankern konnten erhielt ÖkoEins keine entsprechende Hilfestellung und verkümmerte auf Ebene des Projektteams.

Kollektive Kompetenz zeichnet sich dadurch aus, dass eine Vielzahl von Organisationsmitgliedern zu einer Initiative beitragen und ihre jeweiligen Beiträge durch einen geteilten Bestand an "kollektivem Wissen" koordiniert werden. Die Teilung und Verankerung dieses kollektiven Wissens ist eine der wesentlichen Aufgaben des Projektmanagements. Dies umfasst mehrere Aspekte. Zunächst ist eine klare Formulierung und Kommunikation der spezifischen Ziele des Projektes erforderlich. Darüber hinaus strukturiert das Projektmanagement normalerweise die wesentlichen Prozesse, die im Rahmen des Projektes von Bedeutung sind.

Einschränkungen in den zur Verfügung stehenden Ressourcen bewirken allerdings, dass sich das Projektteam häufig auf die Rolle eines Motivators und Coaches verlegen muss. Kontinuierliches in Erinnerung rufen der Projektziele und beständige Pflege von persönlichen Netzwerken, vor allem zu Organisationsmitgliedern, die für die Umsetzung des Projektes eine wichtige Rolle spielen, sind dabei wesentliche Elemente. Vor allem bei Projekten, die mehrere Funktionen und Organisationseinheiten überschreiten wird diese Aufgabe durch eine funktionsübergreifende Zusammensetzung des Projektteams erheblich vereinfacht. Abbildung 18 verdeutlicht das Zusammenspiel von Top-Management-Ebene und Projektebene in den ersten drei Phasen organisationaler Kompetenzentwicklung.

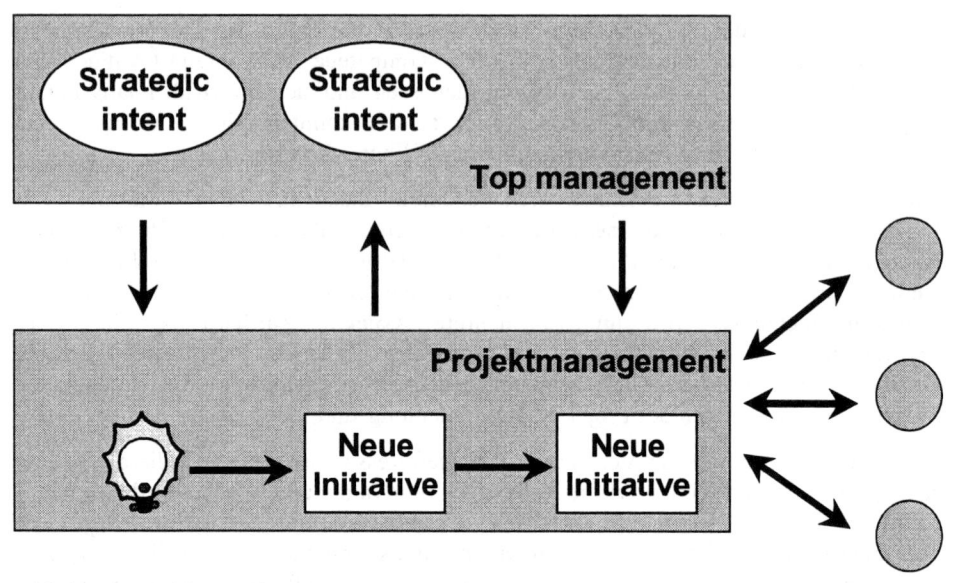

Abbildung 18: Phasen der Kompetenzentwicklung auf der Projektebene

3.3.5 Die Inter-Projekt-Perspektive: Von "kollektiver" zu "organisationaler" Kompetenz

Die vorausgehenden Abschnitte haben einzelne Phasen in der Entwicklung kollektiver Kompetenz beschrieben. Die Logik dieses Entwicklungsprozesses sollte keineswegs als ein zwingender Automatismus missverstanden werden. Vielmehr können unterschiedlichste Faktoren den erfolgreichen Aufbau kollektiver Kompetenz verhindern. Beispiele für solche Einflussgrössen umfassen Veränderungen im Wettbewerbsumfeld, die einzelne Projekte obsolet machen, mangelnde Ressourcen beziehungsweise mangelndes Commitment der beteiligten Organisationsmitglieder oder auch die Erreichung eng eingegrenzter Ziele, die zur Beendigung eines Projektes vor der Bildung kollektiver Kompetenz führen können.

Im tatsächlichen Umfeld von Organisationen ist es wahrscheinlich, dass sich innerhalb eines gegebenen Bereiches sowohl Projekte finden lassen, die erfolgreich kollektive Kompetenz aufgebaut haben, als auch andere, die sich vorübergehend oder auch dauerhaft in einem der vorangehenden Stadien befinden. Abbildung deutet diese Situation an. Auf der Basis dieser Ausgangssituation beschäftigt sich die nun folgende Inter-Projekt-Betrachtung mit der Frage, wie aus den in verschiedenen Projekten entwickelten Fähigkeiten und Kompetenzen eine tatsächlich "organisationale" Kompetenz entstehen kann.

Auch dieser Entwicklungsprozess kann in drei Etappen beschrieben werden. Der erste Schritt - die Akkumulationsphase - beschreibt die Art der Beziehungen, die sich zwischen parallel laufenden Projekten eines verwandten Bereiches entwickeln. Ein zweiter Schritt - die Integrationsphase - umfasst den Austausch von Wissen zwischen unterschiedlichen Projekten sowie organisationale Massnahmen zur Koordination und Integration verwandter Aktivitäten. In der abschliessenden Stabilisierungsphase geht es darum, die entstandene organisationale Kompetenz mit Hilfe formaler Mechanismen zu stützen, dabei jedoch gleichzeitig eine ausreichende strategische Flexibilität aufrechtzuerhalten.

Die Akkumulationsphase

Das zur Erzielung organisationaler Kompetenz notwendige Wissen entsteht im Normalfall in einem über das Unternehmen verteilten Prozess. Mehrere Initiativen und Projekte können dabei an teilweise eng verwandten Themenbereichen arbeiten. Projekte, die inhaltliche Gemeinsamkeiten aufweisen und zudem zeitlich parallel verlaufen, sind durch eine ambivalente Beziehung gekennzeichnet. Dies lässt sich am treffendsten durch den Begriff einer "rivalisierenden Abhängigkeit" beschreiben.

Rivalität zwischen parallelen Projekten ergibt sich aus der prinzipiellen Begrenztheit organisationaler Ressourcen. Projektverantwortliche streiten dabei sowohl um die Aufmerksamkeit des Top-Managements als auch um organisationale Ressourcen, die zur Weiterentwicklung der Projekte benötigt werden. Welche Projekte dabei stärker berücksichtigt werden hängt in erster Linie davon ab, inwieweit es den Projektmitgliedern gelingt, den Projektinhalt an die sich verändernden Herausforderungen der Umwelt anzupassen. Die in der Evaluationsphase beschriebene Bewertung von Projekten ist nicht als ein endgültiges Urteil zu verstehen. Vielmehr verschieben Top-Manager andauernd Prioritäten zwischen verschiedenen Projekten, was für einige dieser Projekte eine Ausweitung für andere dagegen ein vorzeitiges Ende bedeuten kann.

Neben dieser grundlegend kompetitiven Beziehung befinden sich parallele Projekte gleichzeitig in einem Abhängigkeitsverhältnis. Dieses ist um so intensiver, je näher die jeweiligen Themenbereiche verbunden sind. Inhaltliche Überschneidungen bewirken, dass das in einem Projekt entwickelte Wissen auch für eine oder mehrere der verbleibenden Initiativen relevant sein kann. Dies eröffnet Möglichkeiten zur Zusammenarbeit. Es kann Zusammenarbeit sogar zwingend notwendig machen, wenn die zu bewältigenden Aufgaben komplex und die zur Verfügung stehenden Mittel sehr eingeschränkt sind.

Die Integrationsphase

Im Verlauf der Integrationsphase werden die Aktivitäten verschiedener Projekte harmonisiert und deren Inhalte solchermassen verbunden, dass eine Kompetenz auf organisationaler Ebene entsteht. Zwei Prozesse dominieren dieser Phase. Der erste betrifft Lernen zwischen verschiedenen Projekten und erfolgt hauptsächlich auf Initiative der Projektverantwortlichen. Der zweite Prozess betrifft die strukturelle Integration verschiedener Projekte. Letztere erfordert im Normalfall die Initiative des Top-Managements.

Lernprozesse zwischen Projekten können auf verschiedenen Ebenen fruchtbar sein. Auf inhaltlicher Ebene birgt es oft erheblichen Nutzen, wenn sich parallele Projekte auf gemeinsame Technologien oder Standards einigen. Dies ermöglicht Synergieeffekte beim gemeinsamen Auftreten im Markt. Neben dieser inhaltlichen Ebene lässt sich auch eine Harmonisierung von Prozessen zwischen Projekten beobachten. Dies ist dann von besonderer Bedeutung, wenn in einzelnen Projekten der Aufbau kollektiver Kompetenz bereits gelungen ist. Die hierbei gewonnenen Erfahrungen bezüglich kritischer Schnittstellen zwischen Funktionen oder Organisationseinheiten, die zu der kollektiven Kompetenz beitragen, kann häufig auf ähnlich gelagerte Projekte übertragen werden und auch dort die Entstehung kollektiver Kompetenz fördern.

Im Falle der Handel AG fanden Lernprozesse auf zwei Ebenen statt. Ökologisch orientierte Produktmanager erkannten die Notwendigkeit, ökologisch komplette Produkte anzubieten, d.h. solche Produkte, bei denen von den Zutaten über die Herstellungsprozesse bis zur Verpackung ein lückenloses Bekenntnis zu ökologischer Vorteilhaftigkeit erkennbar war. Hieraus ergab sich, dass auf keines der Teilprojekte verzichtet werden konnte. Obwohl der Beitrag von ÖkoEins zum direkten Markterfolg schwerer quantifizierbar war, wurde er doch von anderen Projekten anerkannt.

Neben der Komplementarität der Projekte auf inhaltlicher Seite bot sich schliesslich auch die Möglichkeit zur Nutzung von Synergieeffekten. In der Frage der Zertifizierung, bei der sich alle Projekte auf einen einheitlichen Standard einigten, konnte so einerseits administrativer Aufwand gespart werden. Zudem ergab sich ein einheitlicheres Auftreten der verschiedenen Sortimente am Markt.

Lernen zwischen Projekten entwickelt sich in spontaner Weise und bedarf im Normalfall keiner gesonderten Intervention des Top-Managements. Diese Lernprozesse stossen allerdings an Grenzen, wenn durch sie das Überleben eines oder mehrerer Projekte in Frage gestellt wird. So bestehen beispielsweise häufig Redundanzen zwischen Projekten. Wenn sich zwei Projektteams identischer Aufgaben annehmen und diese in einem Projekt besser oder effizienter gelöst werden als in parallelen Initiativen, dann ist aus organisationaler Perspektive eine Umverteilung von Verantwortung die sinnvollste Lösung. Da solche Umstrukturierungen den Umfang gewisser Projekte einschränken - beziehungsweise in extremen Fällen zu deren vollständiger Eliminierung führen können - ist strukturelle Integration eine Aufgabe, die ohne Mitwirkung des Top-Managements nicht erfolgen kann.

Bei Schwerpunktverschiebungen zwischen Projekten oder bei vorzeitiger Beendigung eines Projektes ist es jedoch von grosser Bedeutung, die fortgesetzte Nutzung des dort entwickelten Wissens durch andere Projekte sicherzustellen. Diesen Übergang erfolgreich zu meistern stellt eines der wesentlichen Probleme der Integrationsphase organisationaler Kompetenz dar. Im Fall der Handel AG wurde es durch die Erweiterung des Ökologie-Stabes gelöst, der wesentliche Kompetenzbereiche des Projektes ÖkoEins übernahm. Ökologieorientiertes Basiswissen wurde so in eine für die Organisation dauerhaft nutzbare Form überführt und konnte von den direkter marktorientierten Projekten weiter genutzt werden.

Als Resultat von Lernen und struktureller Integration lassen sich kollektive Kompetenzen innerhalb eines bestimmten Bereiches zu organisationaler Kompetenz verbinden. Diese zeichnet sich durch mehrere Eigenschaften aus. Die verschiedenen Elemente eines Kompetenzbereiches werden durch funktionsübergreifende Projekte möglichst umfassend ausgefüllt. Diese Projekte sind weitgehend redundanzfrei. Schliesslich besteht eine Harmonisierung der Projekte sowohl auf inhaltlicher wie auch auf prozessualer Ebene.

Die Stabilisierungsphase

Das wesentliche Problem der Stabilisierungsphase besteht darin, das labile Gleichgewicht einer entstehenden organisationalen Kompetenz in eine dauerhafte Form zu überführen. Formalisierung ist ein bedeutendes Instrument in dieser Phase. Die Dynamik einzelner Projekte sowie die Komplexität des Integrationsprozesses führt dazu, dass viele inhaltliche und prozessuale Details nicht formal festgehalten werden. Im Verlaufe der Stabilisierungsphase werden die Kernelemente der organisationalen Kompetenz in einen dokumentierten und formalisierten Zustand gebracht. Auf inhaltlicher Ebene kann dies beispielsweise durch die schriftliche Fixierung gewisser Standards oder Benchmarks erfolgen. Auf prozessualer Ebene können standard operating procedures oder ähnliche Instrumente den gemeinsamen Prozessen der Kompetenz Form und Stabilität verleihen.

Trotz der Bedeutung der Stabilisierungsphase für die dauerhafte Aufrechterhaltung organisationaler Kompetenz muss bereits in dieser Phase die Grundlage strategischer Veränderung gelegt werden. Zahlreiche Beiträge haben darauf hingewiesen, dass die besondere Stärke einer organisationalen Kompetenz - nämlich die routinisierte und nahtlos koordinierte Zusammenarbeit zahlreicher Organisationsmitglieder über funktionale und Bereichsgrenzen hinweg - auch zu einer gefährlichen Schwäche werden kann. Eine "überstabilisierte" Kompetenz ist dann von Nachteil, wenn sie die notwendige Anpassung an Umweltveränderungen verhindert. Ein solcher Zustand, in dem Unternehmen an ihrer eigenen Kompetenz scheitern ist unter dem Begriff der "Kompetenzfalle" (Levitt/March, 1988) bekannt worden.

Zur Aufrechterhaltung strategischer Flexibilität in der Stabilisierungsphase bieten sich verschiedene Möglichkeiten. Kontinuierliche Informationsverarbeitung und Rücksichtnahme auf "schwache Signale" in der Umwelt verbessern die Reaktionsfähigkeit von Organisationen. Gute Kontakte zu externen Anspruchsgruppen sowie die Institutionalisierung eines internen "Kritikforums", das die Rolle eines "Advocatus Diaboli" spielt, können dafür sorgen, dass die entsprechende Information auch zu greifbaren Veränderungen in Strategie und operationalen Aktivitäten von Unternehmen führen. Abbildung 19 zeigt, wie aus unterschiedlich eng verbundenen

Projekten allmählich ein strukturiertes Gebilde wird, dass auf organisationaler Ebene verankert ist.

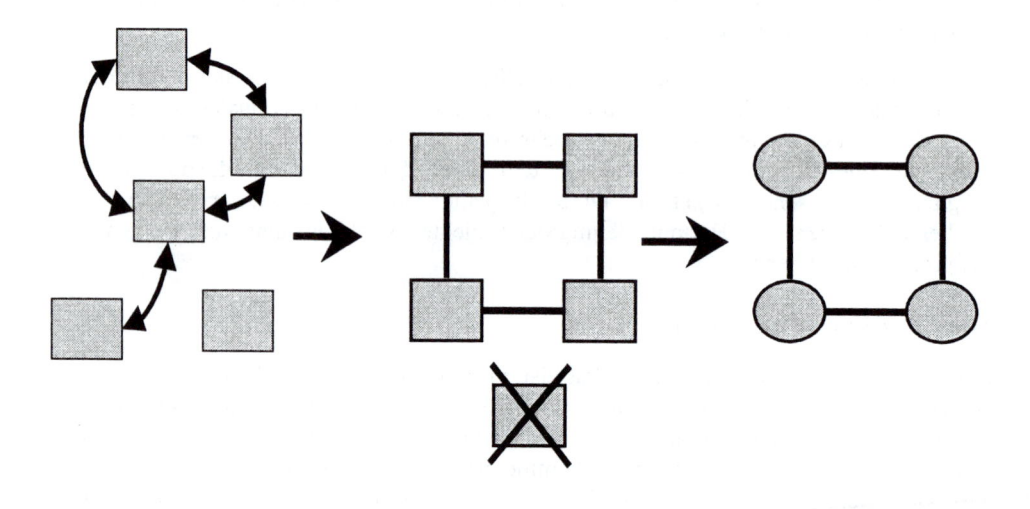

Abbildung 19: Phasen der Kompetenzentwicklung auf der Organisationsebene

3.4 Instrumente zur Förderung der Entwicklung organisationaler Kompetenzen

Die Entwicklung organisationaler Kompetenz ist ein Prozess, der sehr stark mit der Veränderung organisationaler Wissensbestände zusammenhängt. Das oben beschriebene Prozessmodell der Kompetenzentwicklung lässt sich aus diesem Grund auch sehr leicht in ein wissensbasiertes Modell der Kompetenzentwicklung übertragen[22]. Aus einer Wissensperspektive heraus betrachtet sind die Intra-Projekt-Phasen der Kompetenzentwicklung am interessantesten. Das Wechselspiel zwischen strategic intent und unternehmerischen Projekten lässt sich als ein Verhandlungsprozess über Wissensziele der Organisation verstehen. Neue Initiativen versuchen in ihrer Anfangsphase bereits vorhandenes Wissen im Unternehmen zu identifizieren und um

---

[22] Nähere Ausführungen zu einem wissensorientierten Modell der Komptenzentwicklung finden sich bei Raub (1998a).

den Kristallisationspunkt eines Projektes zu versammeln. Die konzeptionelle Arbeit an einem neuen Projekt vereinigt Aktivitäten des Wissenserwerbs sowie der Wissensentwicklung. Besteht schliesslich ein schlüssiges Projektkonzept und wird dieses vom Top Management unterstützt, so geht es abschliessend vor allem um die bestmögliche Verteilung von Wissen im Unternehmen, um eine Unterstützung der Projekte auf möglichst vielen organisationalen Ebenen sicherzustellen. Abbildung 20 fasst diese Prozesse zusammen.

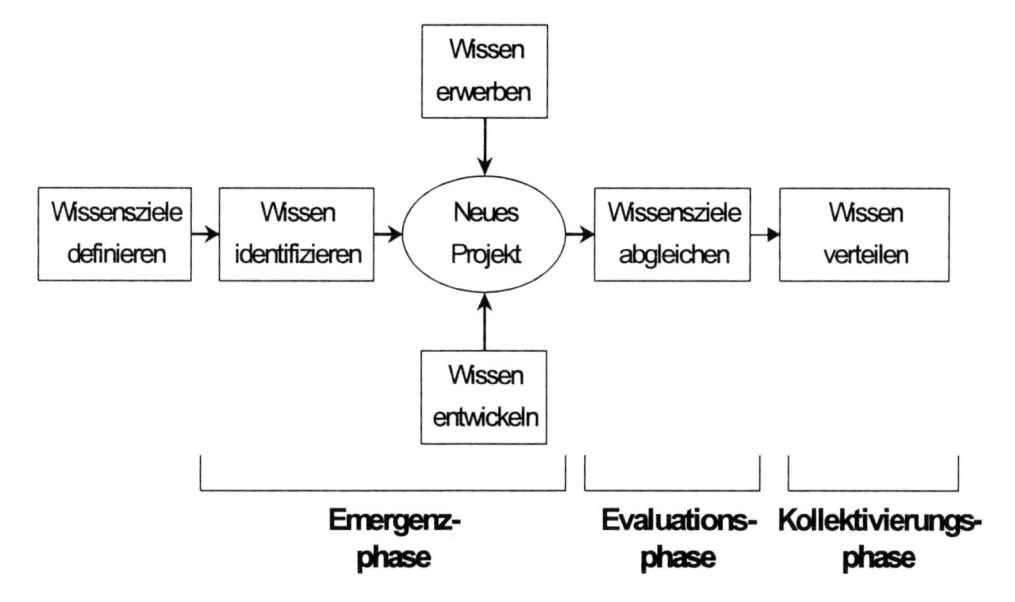

Abbildung 20: Die Intra-Projekt-Phasen aus der Wissensperspektive

Die Inter-Projekt-Phasen der Kompetenzentwicklung beginnt mit Prozessen der Kombination von Wissen. Hierbei wird Wissen zwischen verschiedenen Projekten transferiert. Auf diese Inter-Projekt-Lernprozesse aufbauend geht es darum, die Integration organisationalen Wissens zu sichern. Dies geschieht einerseits durch eine inhaltliche Anpassung, andererseits durch eine strukturelle Neuverteilung relevanten Wissens auf unterschiedliche Wissensträger. Die so entstandene organisationale Kompetenz wird ein Bestandteil der organisationalen Wissensbasis und somit zum Gegenstand von Aktivitäten der Wisssenssicherung in unterschiedlichsten Wissenspeichern.

Abbildung 21 liefert einen Überblick über diese Prozesse.

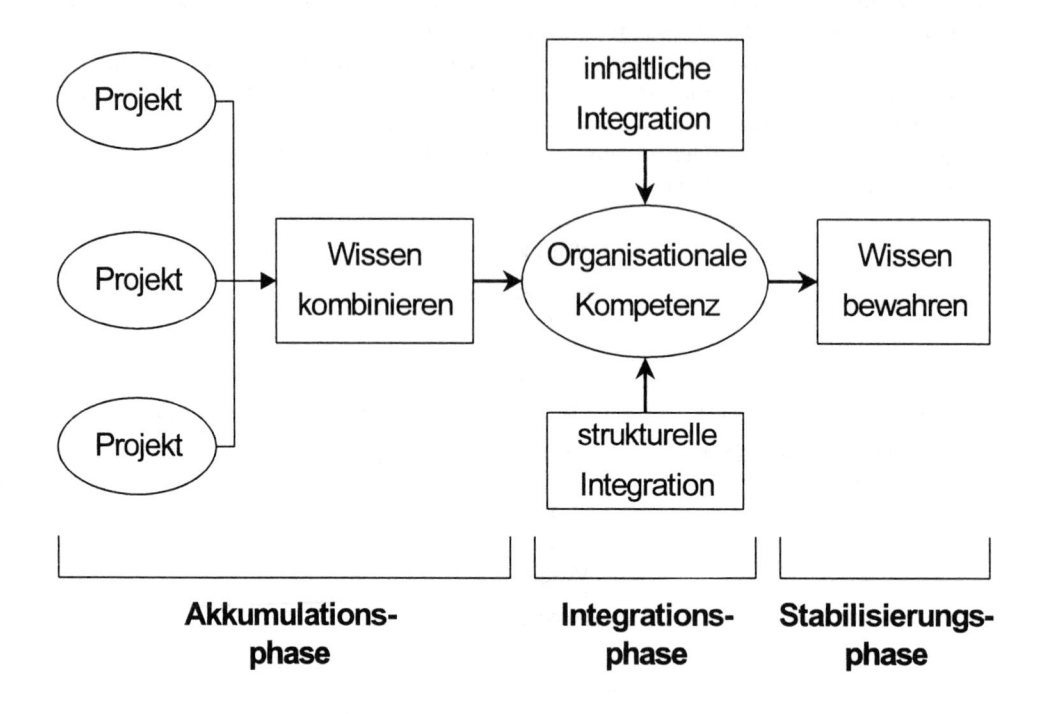

Abbildung 21: Die Inter-Projekt-Phasen aus der Wissensperspektive

Die direkte Verbindung zwischen dem Aufbau organisationaler Kompetenz und der Entwicklung organisationalen Wissens legt es nahe, Instrumente für das kompetenzbasierte Management vorrangig in der Domäne des Wissensmanagements zu suchen. In diesem Kapitel werden wir den Versuch unternehmen, für jede Phase des Kompetenzaufbaus die jeweils dominierenden Wissensprozesse zu identifizieren. Dabei dient das Baustein-Modell des Wissensmanagements von Probst/Raub/Romhardt (1997) als Grundlage. Anschliessend werden wir für jede Phase exemplarisch einige Wissensmanagement-Instrumente herausgreifen, die für die gezielte Förderung organisationaler Kompetenzentwicklung dienlich sein können.

3.4.1 Die Emergenzphase – Wissensziele definieren

Die Frühphase der Entwicklung organisationaler Kompetenz ist von strategischen Überlegungen bestimmt. Der bestehende strategic intent einer Organisation setzt Richtlinien für die Entwicklung spezifischen organisationalen Wissens. In diesem Sinne kann man strategic intent auch als Definition von Wissenszielen verstehen.

Wissensziele lassen sich dabei auf normativer, strategischer oder operativer Ebene definieren. Auf normativer Ebene geben sie Kriterien und Richtlinien für den organisationalen Umgang mit Wissen vor. Ein Beispiel hierfür sind Massnahmen zur Schaffung eines innovationsfördernden Arbeitsumfeldes, die in zahlreichen Organisationen zu finden sind. Auf strategischer Ebene ist die Wechselwirkung zwischen den allgemeinen Produkt-Markt- und Wettbewerbsstrategien eines Unternehmens und der organisationalen Wissensbasis angesprochen. Zahlreiche Untersuchungen, nicht zuletzt die populäre Literatur zum Kernkompetenzen-Ansatz[23], haben gezeigt, dass eine Nichtberücksichtigung von Wissensaspekten bei der Strategieformulierung eine Erosion in wichtigen Bereichen organisationalen Wissens zur Folge haben kann. Umgekehrt ist eine realistische Bewertung vorhandener Wissensbestände unumgänglich, wenn es darum geht, die Erfolgschancen einer neuen strategischen Initiative abzuschätzen.

Für die Kompetenzentwicklung ist es wichtig, diese Wissensziele auf die tieferen Ebenen der Organisation herunterzubrechen. Innovative Projekte sollten ihre Entwicklungsarbeit an den Wissenszielen der Organisation ausrichten. Im gleichen Sinne sollten Mitarbeiter ihr individuelles Kompetenzportfolio im Rahmen der strategischen Ziele des Unternehmens weiterentwickeln. Bei der Übersetzung strategischer Ziele in konkretere Teilziele tun sich Unternehmen häufig schwer. Ansätze des kompetenzbasierten Managements, die im Personalbereich entwickelt wurden, können in diesem Zusammenhang hilfreich sein.

Der Grundgedanke eines kompetenzbasierten Personalmanagementsystems besteht darin, konkrete Ziele für das Wissen, die Fähigkeiten und die Einstellungen von Mitarbeitern zu entwickeln, die ihrerseits mit den strategischen Zielen des Unternehmens im Einklang sein sollten. Eine stellenspezifische Definition solcher Ziele im Rahmen eines Kompetenzprofils erlaubt detailliertes Feedback für den Mitarbeiter sowie einen wesentlich gezielteren Einsatz von Personalentwicklungs-Massnahmen. Es kann darüber hinaus als Grundlage für kompetenzbasierte Entlohnung (competence-based pay) dienen. Aus organisationaler Perspektive stellt ein solches System wichtige Informationen darüber zur Verfügung, wie die Kompetenzen der Mitarbeiter sich im Vergleich zu den

---

[23] Vgl. Raub (1998b) für einen Literaturüberblick zum Thema Kernkompetenzen.

strategischen Wissenszielen der Organisation bewegen. Das Beispiel der Merck Ltd. in Thailand zeigt, wie ein solches System konzipiert werden kann.

KOMPETENZBASIERTES PERSONALMANAGEMENT BEI MERCK LTD. (THAILAND)

Merck Ltd. (Thailand) widmet sich dem Marketing und Vertrieb von Produkten der Merck KgaA (Darmstadt) in Thailand. Ein wesentliches Element der Unternehmensstrategie von Merck Ltd. besteht darin, sich durch fachkundige lokale Unterstützung seiner Kunden vom Wettbewerb zu differenzieren. Der Leitsatz High Quality Products plus Strong Local Support spiegelt diesen Ansatz wieder. Das Topmanagement von Merck Ltd., angeführt von dem dynamischen und neuen Managementmodellen gegenüber sehr aufgeschlossenen CEO Heinz Landau, hat erkannt, dass zur Unterstützung seiner Kernkompetenz Kundenservice den Mitarbeitern des Unternehmens eine tragende Rolle zukommt. Als Konsequenz hieraus beschloss die Unternehmensleitung, die bestehenden Personalmanagement-Instrumente durch ein kompetenzbasiertes Personalmanagement-Konzept zu ergänzen. Unter dem Stichwort competence-based HRM wird dieses Projekt seither in die Tat umgesetzt.

Der bei Merck Ltd. verfolgte Ansatz besteht auf einer Unterscheidung von drei Ebenen individueller Kompetenz.

- *Werte* beziehen sich auf die Grundeinstellungen, die von erfolgreichen Mitarbeitern erwartet werden. Flexibilität, Integrität sowie der Wille zuzuhören und auf die Bedürfnisse von Kunden einzugehen sind Beispiele für wichtige Werteelemente bei Merck Ltd.
- *Fähigkeiten* erlauben es den Mitarbeitern, die genannten Werte in die Tat umzusetzen. In Bezug auf Kundenorientierung hat Merck Ltd. beispielsweise Verhandlungsfähigkeit, sicheres Auftreten und Präsentationsgeschick als wichtige Fähigkeiten identifiziert.
- *Wissen* bezieht sich schliesslich auf einen Schatz von Informationen, auf welche der Mitarbeiter in Ausübung seiner Tätigkeit zurückgreifen muss. Für die Kundenunterstützung ist bei Merck Ltd. vor allem ein solides Wissen über die breite Produktpalette des Unternehmens, d.h. ihren Anwendungsbereich und Nutzen sowie eventuelle technische Details bezüglich ihrer Lagerung und ihres Einsatzes von Bedeutung.

Kernstück des kompetenzorientierten Personalmanagements ist eine Matrix, welche Anforderungsprofile bestimmter Positionen definiert und diese mit den Positionsinhabern in Beziehung setzt. Merck Ltd. nimmt diesen Prozess in zwei Schritten vor. Für jede Position werden Anforderungen entlang der Dimensionen Werte-Fähigkeiten-Wissen ermittelt. Für jedes der genannten Elemente wird ermittelt ob dieses von geringer, mittlerer oder hoher Bedeutung ist. Weiterhin wird ein bestimmtes Zielniveau definiert, das der Mitarbeiter mindestens erfüllen sollte. Aus der

Multiplikation von Zielniveau und Wichtigkeit ergibt sich ein Richtwert, der eine Messlatte für die Bewertung des Mitarbeites darstellt. Ein direkter Vergleich der tatsächlichen Leistung des Mitarbeiters mit den gegebenen Zielwerten erlaubt es, Lücken zu erkennen und gezielt in das Training des jeweiligen Mitarbeiters zu investieren. Die in der nachfolgenden Abbildung illustrierte Beispielmatrix verdeutlicht dieses Vorgehen.

Position				Person					Datum	
	Wichtigkeit			**Profil**					**Resultat**	
	Niedrig	Mittel	Hoch	1	2	3	4	5	Position	Person
Werte										
Kundenorientierung			x	0			x		16	8
Initiative			x	0	x				12	8
Leistungsbereitschaft		x					x0		8	8
...										
Fähigkeiten										
Planung und Organisation		x		x0					4	4
Delegation und Kontrolle	x			x0					2	2
...										
Verbesserungsbedarf				x: Positionsprofil			0: Persönliches Profil			

Abbildung 22: Kompetenzbasierte Evaluationsmatrix

Der wesentliche Nutzen des kompetenzorientierten Personalmanagements besteht darin, dass es eine direkte Verbindung zwischen der Ebene der Unternehmensstrategie und dem Verhalten des individuellen Mitarbeiters herstellt. Im Falle der Merck Ltd. ergibt sich aus der Kernkompetenz Kundenservice ein detaillierter Anforderungskatalog für erforderliche Werteinstellungen, zu besitzendes Wissen und zu meisternde Fähigkeiten, der positionsspezifisch definiert werden kann. Eine Feedback der Ergebnisse aus der oben illustrierten Matrix an die Mitarbeiter trägt dazu bei, deren Verhalten so gut wie möglich an den strategischen Kompetenzzielen des Unternehmens auszurichten. Ergänzungen des Systems – etwa durch ein kompetenzorientiertes Gehaltssystem (competence-based pay) – können diesen Steuerungseffekt noch verbessern.

3.4.2 Die Emergenzphase – Neues Wissen generieren

Die Definition von Wissenszielen steckt die Rahmenbedingungen für Kompetenzentwicklung ab. Darauf aufbauend geht es in der Emergenzphase aus Sicht des Projektmanagements vor allem um die Frage, wie eine neue Projektidee in ein tragfähiges Konzept umgesetzt werden kann. Für den Projektleiter oder das Kernteam des Projektes bedeutet dies, dass drei zentrale Wissensprozesse gemeistert werden müssen. Aufbauend auf der ursprünglichen Projektidee muss festgestellt werden, aus welchen Wissensquellen innerhalb oder ausserhalb der Organisation das Projekt schöpfen kann. Aufbauend auf diesem Prozess der *Wissensidentifikation* können zentrale Wissenslücken des Projektes identifiziert werden. Prozesse, die zur Füllung dieser Lücken beitragen lassen sich in Aktivitäten des *Wissenserwerbs* und der *Wissensentwicklung* unterteilen. Wissenserwerb beinhaltet den Zugriff auf externes Wissen während Wissensentwicklung die Generierung neuen Wissens innerhalb der Organisation bezeichnet.

Wissensidentifikation verschafft den Projektmitgliedern Transparenz über externe und interne Wissensbestände, die für die Konzeption und Umsetzung des Projektes von Bedeutung sein können. Externe Wissenstransparenz hilft bei der generellen Beurteilung des Konzeptes. Sie umfasst insbesondere Klarheit im Hinblick auf die Marktsituation sowie den Wissensstand der Konkurrenz. Externe Wissenstransparenz ist darüber hinaus geeignet, erste Anhaltspunkte für potentielle Partner in der Durchführung des Projektes zu liefern.

Die Handel AG nahm diese Wissensidentifikationsphase ausgenommen ernst. Eine gründliche Analyse der ökologieorientierten Produktleistungen der Hauptkonkurrenten sowie grundlegender Trends in den Konsumentenbedürfnissen erlaubte eine präzise Positionierung der neuen Sortimente. Als Nebenresultat des Identifikationsprozesses wurden ausserdem zahlreiche Kontakte zu Umweltschutzorganisationen etabliert, welche später unter anderem Zugang zu einem wichtigen Öko-Label erlaubten. Partnerschaften mit diesen externen Wissensträgern wurden später zu einem zentralen Bestandteil der Öko-Strategie.

Interne Wissenstransparenz gibt dem Projektmanagement Überblick darüber, welche internen Wissensträger zur Durchführung des Projektes angesprochen werden können und welche Lücken in der organisatorischen Wissensbasis unbedingt zu füllen sind. Auch im internen Kontext führen Suchaktivitäten häufig zur Anbahnung von Kontakten, die sich im späteren Verlauf des Projektes zu stabilen Partnerschaften entwickeln. Bei der Handel AG liess sich ein Kristallisationsprozess interner Experten um die neuen Projekte herum beobachten. Im Rahmen der Wissensidentifikation verbreiteten die Kernteams der Projekte Informationen über wesentliche Inhalte und Ziele, die im Gegenzug interessierte Mitarbeiter zur Teilnahme motivierten.

Die Wissensmanagement-Literatur stellt eine grosse Anzahl von Instrumenten zur Verfügung, die sowohl zur Entdeckung wie auch zur Darstellung und Bewertung internen und externen Wissens beitragen. Internes Benchmarking ist eines der zentralen Elemente im Werkzeugkasten der Wissensidentifikation. Viele Unternehmen unterschätzen die Grössenordnung der Effizienzabweichungen, die zwischen prinzipiell identischen Prozessen an verschiedenen Stellen einer Organisation entstehen können. Internes Benchmarking erlaubt die Aufdeckung von Wissensbeständen, die eine interne "best practice" darstellen. Die Resultate von internen Benchmarkingstudien bieten für Projektmanager somit hervorragende Anhaltspunkte zur Identifikation kompetenter interner Partner.

Eine übersichtliche Darstellung bestehenden Wissens in Form einer einprägsamen Visualisierung kann allen Projektteilnehmern den Überblick über interne und externe Wissensquellen erleichtern. Die Erstellung von Wissenskarten verschiedener Art ist eine mögliche Lösung für diese Herausforderung. Wissenskarten existieren in zahlreichen verschiedenen Varianten. Generell können sie sich auf Wissensträger, Wissensbestände oder die Struktur von Wissensbeständen beziehen. Für die Wissensidentifikation im Rahmen von Kompetenzentwicklungsprozessen sind Wissensträgerkarten und Wissensbestandeskarten von besonderer Bedeutung.

Eine Wissenstopographie (eine besondere Form der Wissensträgerkarte) gibt beispielsweise Auskunft darüber, welche Personen in welchen Wissensbereichen welchen Grad von Expertise aufzuweisen haben. Wissensbestandeskarten liefern Aufschluss, in welchem Aggregationsgrad bestimmte Wissensbestände vorliegen. Eine solche qualitative Bewertung internen Wissens ist vor allem dann nützlich, wenn seine Übertragbarkeit bewertet werden soll. Hierbei stehen Kriterien wie Beobachtbarkeit, Komplexität, Kodifizierbarkeit oder Systemabhängigkeit von Wissensbeständen im Vordergrund. Explizites Wissen in Form technischer Daten oder Patente wird leichter in den Rahmen eines Projektes einzubeziehen sein als das implizite Wissen von Experten, die möglicherweise nicht bereit, nicht motiviert, oder nicht in der Lage sein werden, ihre Expertise zur Verfügung zu stellen.

Wissenskarten bieten sich übrigens auch als ein Instrument zur Darstellung kollektiver Wissensbestände an. Zahlreiche Unternehmen haben bereits eine Dokumentation vollständiger organisationaler Prozesse inklusive der daran beteiligten Stellen oder Organisationsmitglieder vorgenommen. Ein solches process mapping kann sich unter Umständen auch zur Darstellung einer im Rahmen eines Projektes erworbenen kollektiven Kompetenz, bzw. in gewissen Fällen sogar zur Illustrierung einer organisationalen Kompetenz eignen.

Zur Schaffung von Transparenz im externen Wissensumfeld bestehen vielfältige Möglichkeiten der Nutzung von Experten. Sogenannte "knowledge scouts" sind darauf spezialisiert, Unternehmen den Überblick über spezifische Wissensbereiche zu erleichtern, beziehungsweise gezielt Kontakte mit potentiellen externen Partnern herzustellen. Generell hängt die Fähigkeit zur Schaffung von externer Wissenstransparenz sehr stark von der Anzahl und der Intensität der Kontakte ab, welche das Unternehmen mit seiner Umwelt unterhält.

Die Einbindung der Organisation in externe Netzwerke - beispielsweise Partnerschaften mit Universitäten, privaten Forschungsstellen oder -instituten und diversen think tanks - fördert die Fähigkeit, "schwache Signale" frühzeitig wahrzunehmen sowie in einem ausgewählten Bereich auf dem letzten Stand der Wissensentwicklung zu bleiben. Schliesslich spielen neue Medien eine ständig bedeutsamere Rolle als Instrument der Transparenzgewinnung[24]. Vor allem die systematische Nutzung des Internets entwickelt sich dabei zu einem Muss.

Wissensidentifikation ist kein Selbstzweck sondern dient dazu, eine ernsthafte Bestandsaufnahme des eigenen Wissens zu erzielen um daraufhin gezielt Möglichkeiten zum Ausbau der Wissensbasis auszuloten. Der Erwerb neuen Wissens aus externen Quellen ist eine Möglichkeit hierzu.

Instrumente des Wissenserwerbs richten sich im wesentlichen am Aggregationsgrad des zu erwerbenden Wissens aus. Auf individueller Ebene bildet die Rekrutierung von Spezialisten die am weitesten verbreitete Alternative. Explizit dokumentiertes Wissen lässt sich auf unterschiedlichste Art und Weise erwerben. Die wichtigsten Alternativen umfassen den Erwerb von Patenten oder Plänen, Lizenzen und Franchising-Verträgen oder aber das sogenannte reverse engineering und andere "legale" Formen des Kopierens. Im Bereich der Wissensentwicklung können Organisationen auf die bewährten Instrumente des Innovationsmanagements zurückgreifen, die an anderer Stelle näher dokumentiert sind[25].

Eine immer grössere Anzahl von Unternehmen geht ausserdem dazu über, Forschungs- oder Entwicklungsaktivitäten im Kontext kollaborativer Strategien anzugehen. Joint ventures oder strategische Allianzen bieten die Möglichkeit, zeit- und oder kostenintensive Prozesse durch eine Verteilung der Lasten auf mehrere Partner schneller und günstiger zu gestalten. Neben dem direkten Nutzen der gemeinschaftlichen Wissensentwicklung bieten kollaborative Strategien auch die Möglichkeit, sich interessantes Wissen vom jeweiligen Partner abzuschauen. Der Nachteil einer solchen Strategie ist, dass partnerschaftlich entwickeltes Wissen sämtlichen Partnern zur Verfügung steht und somit weniger wertvoll im Hinblick auf die Erzielung langfristiger Wettbewerbsvorteile wird.

Die Handel AG nutzte externe Quellen zum gezielten Erwerb spezifischen Wissens über ökologische Labels und kooptierte anschliessend eine Organisation, die für die Vergabe eines bedeutenden Öko-Labels zuständig ist. Aus strategischer Sicht dürfte es sich anbieten, Wissenserwerb im Rahmen der Kompetenzentwicklung auf eher explizite Formen von Wissen zu beschränken, um nicht einen zentralen Teil der neu entwickelten Kompetenz der Einsicht der Wettbewerber preiszugeben.

---

[24] Vgl. für eine nähere Darstellung der hier geschilderten Instrumente beispielsweise Probst/Raub/Romhardt (1997), Kapitel "Wissen identifizieren".

[25] Vgl. Probst/Raub/Romhardt (1997), Kapitel "Wissen erwerben" und "Wissen entwickeln".

Wesentliche Elemente neu zu entwickelnden Wissens werden in den meisten Unternehmen aus eigenen Ressourcen stammen. Sie sind damit Gegenstand von Wissensentwicklungsprozessen. Der wesentliche instrumentale Beitrag der Wissensmanagement-Literatur im Bereich der Wissensentwicklung konzentriert sich auf das zur Verfügung stellen einer geeigneten Infrastruktur, über die sich Prozessteilnehmer austauschen können. Da dies auch eine wesentliche Aufgabe der Kollektivierungsphase ist, werden wir hierfür geeignete Instrumente weiter unten diskutieren.

3.4.3 Die Evaluationsphase – Wissensziele abgleichen

Wissensziele bilden die Verbindung zwischen der Emergenz- und der Evaluationsphase. Wie in den vorangegangenen Abschnitten beschrieben schöpfen entstehende Projekte ihre inhaltliche Ausrichtung zu einem gewissen Grad aus dem vorhandenen strategic intent der Organisation. Projektteams übersetzen diesen strategic intent dann in konkrete Initiativen. In der Evaluationsphase dienen die aus dem strategic intent abgeleiteten Wissensziele als Kriterium, das über Unterstützung oder Vernachlässigung neuer Projekte entscheidet. Dazu wird ein Prozess der Wissensbewertung notwendig, der sowohl die inhaltlichen Absichten neuer Projekte einordnet, als auch ihre Chancen, auf der Basis bereits bestehenden Wissens zu einer erfolgreichen Umsetzung zu gelangen.

Instrumente der Wissensbewertung bilden nach wie vor einen der Schwachpunkte im Wissensmanagement. In der Evaluationsphase sind Top-Manager daher zu einem grossen Teil auf ihre Intuition angewiesen, wenn es darum geht die Überlebenschancen eines neuen Projektes zu bewerten. Durch ein Herunterbrechen strategischer Wissensziele auf die operative Ebene können jedoch genauere Anhaltspunkte dafür gewonnen werden, inwiefern zu bewertende Projekte mit den Wissenszielen der Organisation kompatibel sind[26]. Im Fall der Handel AG hingen die Resultate der Evaluationsphase stark mit dem individuellen Einfühlungsvermögen der verantwortlichen Top-Manager in ökologische Sachverhalte zusammen. Auch dies ist ein Indiz dafür, dass es vermutlich illusorisch ist, zu sehr auf eine Unterstützung des Entscheidungsprozesses durch formale Instrumente zu vertrauen.

3.4.4 Die Kollektivierungsphase – Wissen verteilen

Projekte, die erfolgreich in die Kollektivierungsphase eintreten, sind darauf angewiesen, ihre Wissensbasis zu erweitern. Beim Übergang von der Konzeptionalisierung in die Umsetzung des Projektes sind neue Probleme zu lösen, die oftmals die Fähigkeiten der Projektgruppe übersteigen. Zu diesem Zeitpunkt kommt es darauf an, das vom

---

[26] Vgl. Probst/Raub/Romhardt (1997), Kapitel "Wissensziele definieren".

Projektteam entwickelte Basiskonzept an weite Kreise der Organisation zu kommunizieren und gleichzeitig eine Plattform zu schaffen, auf deren Basis zahlreiche Organisationsmitglieder das neu entstehende Projekt unterstützen und umsetzen können. Als Resultat der Kollektivierungsphase sollten organisationale Routinen stehen, die eine kollektive Kompetenz in bestimmten Bereichen wiederspiegeln.

Zur Unterstützung kollektiver Kompetenzentwicklung in der Kollektivierungsphase sind in erster Linie Instrumente der Wissensverteilung gefragt. Wissensverteilung kann prinzipiell stärker an einem "Push"- oder stärker an einem "Pull"-Ansatz ausgerichtet sein. Die Idee des Push besteht darin, zentral definierte Wissensbestände an einen von vorne herein festgelegten Kreis von Organisationsmitgliedern zu verteilen. Eine Pull-Philosophie vertraut dagegen eher auf die Bereitstellung entsprechender Infrastrukturen, die eine flexible, durch den Nachfrager gesteuerte Verteilung von Wissen ermöglicht.

Im Falle organisationaler Kompetenz kommt beiden Aspekten ihre Bedeutung zu. Bereits im Rahmen der Emergenzphase kommt es darauf an, die Teilnahme einer grösseren Anzahl von Organisationsmitgliedern an einem neuen Projekt zu ermöglichen. Das Beitragen von neuen Ideen und der Austausch von Wissen über organisationale Grenzen hinweg erfordern eine Ergänzung bestehender Organisationsstrukturen im Sinne einer parallelen Struktur. Hierfür gibt es verschiedene Möglichkeiten. Funktionsübergreifende Teams oder practices bieten beispielsweise die Möglichkeit zum regelmässigen Austausch und zur themenzentrierten Zusammenarbeit.

Während solche parallelen Strukturen auf simplen Mechanismen - beispielsweise der Bestimmung eines Teamleaders und eines festgelegten Zeitpunktes für ein wöchentliches kurzes Informationsmeeting - beruhen können, bietet die Nutzung neuer Medien hervorragende Möglichkeiten zur Unterstützung eines kontinuierlichen und effektiven Austausches. Die Einführung einer groupware-Applikation, die allen Projektmitarbeitern und interessierten Outsidern ein gemeinsames Forum gibt, oder die bewusste Nutzung eines organisationalen Intranets können einen erheblichen Beitrag zum Austausch von Wissen und zur schnelleren Entwicklung kollektiver Kompetenz leisten.

Ist es dem Projektteam gelungen, ein tragfähiges Basiskonzept zu entwickeln, das entsprechendes Top-Management-Buy-In findet, so geht es in erster Linie darum, dieses Wissen auf eine grössere Anzahl von Organisationsmitgliedern auszuweiten. Instrumente, die hierbei zur Anwendung gelangen können sind die verschiedenen Varianten von Multiplikationsverfahren, die eine relativ schnelle Verbreitung von Wissen über kurze Zeiträume hinweg ermöglichen[27]. Während im Übergang von der Emergenz in die Kollektivierungsphase also ein Pull-Ansatz dominiert, werden im weiteren Verlauf zunehmend Push-Instrumente dominieren.

Die Anwendung neuen Wissens durch einen erweiterten Teilnehmerkreis innerhalb der Organisation setzt eine entsprechende Aufbereitung dieses Wissens voraus. In diesem Zusammenhang muss Aspekten der Wissensnutzung Beachtung geschenkt werden.

---

[27] Vgl. Probst/Raub/Romhardt (1997), Kapitel "Wissen (ver)teilen".

Während der Einsatz angepasster Informations- und Kommunikationstechnologien einen entsprechenden Beitrag leisten kann, geht es vor allem darum, das neu entwickelte Wissen in einer inhaltlichen und sprachlichen Form zu präsentieren, welche zur direkten Nutzung animiert[28].

Der Fall der Handel AG belegt, dass Wissensverteilung im Rahmen der Kollektivierungsphase auf relativ einfachen Mitteln beruhen kann. Für jedes Projekt wurden kurze Videos und eine Anzahl von Lehrmaterialen entwickelt, welche Kernideen der Projekte verständlich darstellen und Hinweise für die Umsetzung am Verkaufspunkt liefern. Den wichtigsten Anteil an der Verbreitung dieses Wissens nahmen sogenannte Ökologie-Beauftragte ein. Dies waren ökologieorientierte Mitarbeiter aus verschiedensten Bereichen des Unternehmens, die mit der Aufgabe betraut wurden, die interne Kommunikationsarbeit für die neuen Projekte zu leisten. Die Kombination von prägnant aufgearbeiteter Information und einer Multiplikation durch die regional aktiven Botschafter erlaubte in sehr kurzer Zeit eine erfolgreiche Umsetzung der neuen Konzepte.

3.4.5 Die Akkumulationsphase – Wissen transferieren

Wissensverteilung bildet die Verbindung zwischen der Intra- und der Inter-Projekt-Perspektive. Während bei der Entwicklung kollektiver Kompetenz die Verteilung im Rahmen eines Projektes und der darauf aufbauenden organisationalen Routinen im Vordergrund steht, geht es in der Inter-Projekt-Sicht um Lernen zwischen Projekten und somit um die Verteilung von Wissen über die Grenzen einzelner Projekte hinaus. Durch die Kombination von Wissen verschiedener Projekte werden in manchen Fällen auch neue Prozesse der Wissensentwicklung angestossen.

Wissensverteilung in der Akkumulationsphase ist durch ein ausgeglichenes Verhältnis von Push- und Pull-Aspekten gekennzeichnet. Die oben erwähnte ambivalente Beziehung paralleler Projekte bewirkt, dass Projektmanager versucht sein werden, ihre Standards und Prozesse auf andere Projekte zu übertragen, um so die Legitimationsgrundlage der eigenen Aktivitäten zu erhöhen. Dies fördert einen Push-Ansatz der Wissensverteilung. Andererseits schafft die gegenseitige Abhängigkeit auch Anreize für den Transfer von best practices aus anderen Projekten in das eigene Projekt und damit einen Pull-Effekt.

Hinsichtlich der zu nutzenden Wissensmanagement-Instrumente bestehen keine gravierenden Unterschiede zwischen der Kollektivierungs- und der Akkumulationsphase. Persönliche Beziehungen werden in der Akkumulationsphase an Bedeutung gewinnen, da parallele Organisationsstrukturen in erster Linie projektspezifisch entwickelt werden und in den meisten Fällen keinen Beitrag zum

---

[28] Vgl. Probst/Raub/Romhardt (1997), Kapitel "Wissen nutzen".

Austausch über Projektgrenzen hinweg leisten. Im Fall der Handel AG ergaben sich entscheidende Impulse für den Austausch von Wissen zwischen Projekten dementsprechend aus der Entscheidung, Mitglieder der jeweiligen Projektführungsteams auszutauschen. Durch überlappende Mitgliedschaft in mehreren Projektteams gelang es einigen wenigen Managern, Gemeinsamkeiten zwischen den Projekten zu identifizieren und in einzelnen Fällen Zusammenarbeit oder Wissensaustausch in die Wege zu leiten.

3.4.6 Die Integrationsphase – Wissen angleichen und verankern

Ein wichtiges Element der Integrationsphase besteht in der Reorganisation verschiedener verwandter Aktivitäten mit dem Ziel einer Reduzierung von Redundanz sowie einer Ausrichtung der Gesamtaktivitäten auf strategisch bedeutende Schwerpunkte. Hierzu ist ein Prozess der Wissensbewertung notwendig. Top-Manager müssen in der Lage sein, den Kompetenzgrad einzelner Projekte einzuschätzen, um eine Entscheidung über die Verteilung von Bereichsverantwortung treffen zu können. Daneben geht es auch um die Frage, welche Projekte die gegebenen strategischen Wissensziele am besten repräsentieren - respektive ob in Anbetracht der entwickelten Fähigkeiten und kollektiven Kompetenzen eine Revision von Wissenszielen sinnvoll sein könnte.

Die Palette der hierzu einsetzbaren Instrumente ist, wie oben bereits erwähnt, relativ eingeschränkt. Da in der Integrationsphase über den Fortbestand bzw. die Einstellung einzelner Projekte entschieden wird sowie Führungsrollen innerhalb eines Kompetenzbereiches neu verteilt werden ensteht zwangsläufig ein Kontext, der von politischen Prozessen dominiert wird.

Rationale Instrumente sind in diesem Zusammenhang von geringem Nutzen. Vielmehr kommt es auf das Fingerspitzengefühl des Top-Managements an, dem ein schwieriger Balanceakt gelingen muss. Auf der einen Seite sollen Effizienz gewahrt und Mehrspurigkeiten aufgehoben werden, auf der anderen Seite soll die Motivation und das Wissen zentraler Mitarbeiter für den Kompetenzbereich erhalten werden. Die schwierigste Aufgabe besteht dementsprechend in der Bewahrung individuellen und kollektiven Wissens aus Projekten, die beendet werden. Die Top-Manager der Handel AG meisterten diesen Übergang beispielsweise durch die Überführung von Wissen aus einem beendeten Projekt (ÖkoEins) in die stabile organisationale Form eines Ökologie-Stabes.

3.4.7 Die Stabilisierungsphase – Wissen bewahren

In der abschliessenden Stabilisierungsphase wird die neu entwickelte organisationale Kompetenz zum ersten Mal in vollem Umfang genutzt. Dies lässt sich durch Instrumente der Wissensnutzung unterstützen. Effiziente Wissensnutzung lässt sich dadurch fördern, dass der Wissensnutzer als Kunde verstanden wird. Bestehendes Wissen wird dann mit grösserer Wahrscheinlichkeit genutzt wenn es einer Reihe von Kriterien wie beispielsweise Einfachheit ("easy-to-use"), Zeitgerechtheit ("just-in-time") und Anschlussfähigkeit ("ready-to-connect") genügt. Als "Koordinationszentrale" kollektiver Kompetenz sollten Projektmanager diese Kriterien berücksichtigen. Ihre Erreichung kann durch organisatorische Massnahmen - wie beispielsweise regelmässige Meetings, Troubleshooter oder interne Prozessberater - oder den entsprechenden Einsatz von Informations- und Kommunikationstechnologien ermöglicht werden.

Zentrales Element der Stabilisierungsphase ist aus einer Wissensperspektive allerdings die Wissensspeicherung. Formalisierung ermöglicht neben reibungslosen Abläufen der zentralen Prozesse vor allem auch deren Speicherung im organisationalen Gedächtnis. In Anbetracht der Gefahr von Kompetenzfallen ist es ausserdem nötig, die Stabilisierungsphase eng mit der strategischen Ebene zu verknüpfen. Nur durch Aufrechterhaltung von Flexibilität in den strategischen Wissenszielen der Organisation kann eine "Überstabilisierung" und damit das mögliche Eintreten einer Kompetenzfalle verhindert werden. Diese Erkenntnis sollte auch den Einsatz von Instrumenten der Wissensspeicherung leiten.

Die Speicherung organisationalen Wissens erfolgt in unterschiedlichen Medien. Neben dem individuellen Gedächtnis der Organisationsmitglieder gibt es zusätzlich verschiedene Formen des "organisationalen Gedächtnisses", wie Dokumente oder elektronische Speichermedien. Bei der Pflege dieser Medien gilt, dass der zuverlässigen Aktualisierung ihres Inhaltes besondere Aufmerksamkeit geschenkt werden sollte. Eine elektronische Wissensbasis, die nicht regelmässig durch Investitionen in ihre Aktualität und Benutzerfreundlichkeit verbessert wird, verliert das Vertrauen der Wissensnutzer und kann damit in eine ausweglose Spirale der Irrelevanz geraten. Übertragen auf organisationale Kompetenzen bedeutet dies, dass strategische Flexibilität in einer andauernden Aufwertung und Aktualisierung des "organisationalen Gedächtnisses" ihren Ausdruck finden muss. Wenn diese unterbleibt kann ein veraltetes organisationales Gedächtnis zu strategischer Starre beitragen und damit einen erheblichen Beitrag zum möglichen Entstehen einer Kompetenzfalle leisten[29].

Abbildung 23 gibt einen Überblick über die verschiedenen Phasen der Kompetenzentwicklung, die damit verknüpften Bausteine des Wissensmanagements sowie eine Auswahl von Instrumenten, die in den jeweiligen Phasen nutzbringend sein können.

---

[29] Vgl. Probst/Raub/Romhardt (1997), Kapitel "Wissen bewahren".

Phasen der Kompetenz-entwicklung	Bausteine des Wissens-managements	Instrumente des Wissensmanagements
Emergenz-phase	Wissens**ziele**	▪ normative, strategische Wissensziele ▪ Übersetzung in operative Ziele durch ▪ Kompetenzorientiertes Personalmanagement
	Wissens**identifikation**	▪ internes Benchmarking ▪ diverse Wissenskarten ▪ Kompetenzkarten oder process mapping ▪ "knowledge scouts" ▪ Einbindung in externe Netzwerke ▪ Nutzung neuer Medien
	Wissens**erwerb**	▪ siehe unten
	Wissens**entwicklung**	▪ siehe unten
Evaluations-phase	Wissens**ziele**	▪ siehe oben
	Wissens**bewertung**	▪ Wissensindikatoren ▪ generell geringe Auswahl an Instrumenten

Kollektivier-ungsphase	Wissenserwerb	▪ gezielte Personalrekrutierung ▪ Erwerb expliziten Wissens ▪ Nutzung kooperativer Strategien
	Wissensentwicklung	▪ Kreativitätstechniken ▪ Innovationsmanagement ▪ Informationsinfrastrukturen
	Wissensverteilung	▪ push vs. pull ▪ Multiplikationsverfahren ▪ neue Medien
	Wissensnutzung	▪ nutzergerechte Aufbereitung des Wissens
Akkumula-tionsphase	Wissensverteilung	▪ siehe oben
	Wissensnutzung	▪ siehe oben
Integrations-phase	Wissensziele	▪ siehe oben
	Wissensbewertung	▪ siehe oben
Stabilisie-rungsphase	Wissensnutzung	▪ siehe oben
	Wissensspeicherung	▪ individuelles Gedächtnis ▪ organisationales Gedächtnis

Abbildung 23: Phasen der Kompetenzentwicklung und relevante Instrumente des Wissensmanagements

3.5 Fazit

Wie eingangs erwähnt bilden die Konzentration auf unternehmensinterne Aspekte und die weitgehend statische Perspektive die wesentlichen Schwächen der bestehenden Beiträge über organisationale Kompetenz. Im vorangehenden Beitrag wurde ein Modell der Entwicklung organisationaler Kompetenzen vorgestellt, das diese Schwächen bewusst ins Visier nimmt. Die Wahl von Projekten als zentrales Analyseobjekt leistet einen wesentlichen Beitrag zu einer neuen Sichtweise auf organisationale Kompetenzen. Projekte übersetzen strategic intent in konkrete Problemlösungen. Durch das Zusammenspiel von Entwicklungsarbeit im Rahmen der Projekte und Evaluation durch das Top-Management gelingt es, auch langfristige Prozesse des Kompetenzaufbaus permanent auf ihre Wettbewerbsrelevanz hin zu überprüfen und gegebenenfalls entsprechende Korrekturen vorzunehmen. Projekte bilden damit das zentrale Bindeglied, welches es erlaubt, unternehmensinterne und unternehmensexterne Aspekte in Einklang zu bringen.

Die Fallstudie der Handel AG illustriert die Relevanz dieses Modells für die Unternehmenspraxis. Sie zeigt ebenso den engen Bezug von Kompetenzentwicklung und organisationalem Wissen auf. Instrumente des Wissensmanagements können zur Förderung organisationaler Kompetenzentwicklung auf vielfältige Art und Weise genutzt werden. Man könte sogar soweit gehen, Kompetenzentwicklung als eine zentrale Aufgabe des Wissensmanagements zu betrachten. Die vorangegangenen Ausführungen liefern somit einen Ansatzpunkt für weitere Arbeiten sowohl im Bereich des kompetenzorientierten Managements als auch in der Wissensmanagementforschung.

Für den Praktiker stellt sich die Frage, wie sich die hier präsentierten Erkenntnisse in konkrete Richtlinien für ein kompetenzorientiertes Management umsetzen lassen. Um den Transfer in die Praxis etwas leichter zu gestalten, haben wir im Anschluss Leitfragen formuliert, die erste Anhaltspunkte für ein praktische Umsetzung liefern. Eine erfolgreiche Umsetzung eines solchen Ansatzes erfordert neben dem Verständnis für die Dynamik des Aufbaus organisationaler Kompetenzen natürlich auch eine gewisse Vertrautheit mit zentralen Instrumenten des Wissensmanagements. In diesem Zusammenhang sei auf die weitaus detaillierteren Ausführungen in Probst et al. (1997) verwiesen.

3.6 Zehn Leitfragen an das Management

1. Ist der Aufbau organisationaler Kompetenz ein fester Begriff im strategischen Management Ihres Unternehmens?

Strategische Ziele sollten immer auch eine Wissensdimension enthalten.

Stellen Sie sicher, dass in Ihrem Unternehmen ein strategic intent existiert und dieser an alle relevanten Managementebenen kommuniziert wurde?

Liefert dieser strategic intent ausreichende Hinweise in Bezug auf die Rolle von Wissen in ihrem Unternehmen sowie in Bezug auf neu zu erwerbendes Wissen und neu aufzubauende Kompetenzen?

Verfügen Sie über Managementsysteme, die strategische Ziele in Wissensziele auf niedrigeren Ebenen übersetzen können (beispielsweise in Form eines kompetenzorientierten Personalmanagement-Systems)?

2. Haben Sie eine Vorstellung von der Vielfalt unterschiedlicher Wissensquellen innerhalb und ausserhalb Ihres Unternehmens?

Organisationale Kompetenzen entstehen in einem Wechselspiel aus top-down-Strategievorgaben und bottom-up-Beiträgen verschiedener Wissensträger.

Fördern Sie die Entstehung von Initiativen, die Strategieimplementierung vorantreiben?

Bestehen in Ihrem Unternehmen Mechanismen, durch die neue Initiativen die strategische Planung und damit die Richtung organisationalen Kompetenzaufbaus beeinflussen können?

Verfügen Sie über Instrumente die für Transparenz in der Wissensbasis Ihres Unternehmens sorgen?

Nutzen Sie kollaborative Strategien gezielt zum Erwerb neuen Wissens?

3. Pflegen Sie Teamwork und Projektmanagement?

Motivierte und engagierte Projektteams bilden eine zentrale Kraft beim Aufbau organisationaler Kompetenz.

Fördert Ihre Organisationsstruktur und Unternehmenskultur die Arbeit in Teams sowie Ideengeneration und Problemlösung im Rahmen von innovativen Projekten?

4. *Nutzen Sie die mittlere Managementebene als Vermittler beim Kompetenzaufbau?*

Das mittlere Management spielt eine bedeutende Rolle beim Aufbau organisationaler Kompetenz.

Ist ihre mittlere Managementebene in der Lage, strategic intent und operationale Initiativen abzugleichen und zusammenzuführen?

Unterstützen Sie das mittlere Management bei dieser Vermittleraufgabe?

5. *Beachten Sie Rivalitäten zwischen Projekten und berücksichtigen Sie die Machtdimension?*

Verschiedene Projekte treten regelmässig in Wettbewerb um Aufmerksamkeit und organisationale Ressourcen.

Stellen Sie sicher, dass der Aufbau von Kompetenz nicht durch politische Prozesse beeinträchtigt wird?

6. *Setzen Sie strategische Prioritäten und versehen Sie erfolgversprechende Projekte mit entsprechendem sponsoring?*

Stimmt die Auswahl interner Projekte mit den Prioritäten des strategic intent überein?

Gewähren Sie Projekten, die einen sinnvollen Beitrag für die Strategieimplementierung leisten können, ausreichende Unterstützung in Form organisationaler Ressourcen?

7. *Besteht in Ihrem Unternehmen ein gutes Umfeld für die Verteilung von Wissen?*

Die unternehmensweite Implementierung neuer Initiativen erfordert die Verteilung relevanten Wissens auf einen grossen Teilnehmerkreis.

Sind in ihrem Unternehmen die erforderlichen strukturellen, kulturellen und technologischen Voraussetzungen für erfolgreiche Wissensverteilung gegeben?

Verfügen Sie über Infrastrukturen im Sinne neuer Medien, die eine Verteilung von Wissen im Rahmen von Projekten oder practices fördern können (beispielsweise Groupware oder ein effizientes Intranet)?

8. *Unterstützen Sie die strukturelle Integration verschiedener Projekte ausreichend?*

Vor allem in grossen Unternehmen arbeiten häufig zahlreiche verschiedene Projekte an verwandten Fragestellungen.

Sind Sie sich der Rolle des Top-Managements bei der Integration verschiedener Projekte bewusst?

Fördern Sie die Nutzung interner Synergieeffekte?

9. *Berücksichtigen Sie die Gefahr von Wissensverlusten?*

Die Beendigung von Projekten birgt stets die Gefahr von Wissensverlusten durch demotivierte Mitarbeiter, vernachlässigte Datenbanken oder aufgegebene Kontakte.

Stellen Sie sicher, dass kompetenzrelevantes Wissen auch nach Beendigung eines Projektes für das Unternehmen erhalten bleibt?

Ist die Motivation zentraler Wissensträger eine wichtige Variable in Ihrem Kalkül?

10. *Verstehen Sie Kompetenzentwicklung als einen kontinuierlichen Prozess?*

Unternehmen sind häufig in einem Dilemma von Entwicklung und Ausnutzung (exploration und exploitation) gefangen. Kontinuierliche Innovation ist notwendig um im Wettbewerb zu bestehen. Andererseits müssen neu aufgebaute Kompetenzen zu einer bestimmten Zeit auch stabilisiert und dokumentiert werden, um dem Unternehmen dauerhaft zur Verfügung zu stehen.

Verstehen Sie den Aufbau von Kompetenz als einen Prozess, der ständig die Balance zwischen Bewahrung und Wandel, zwischen Innovation und Implementierung wahren muss?

Viertes Kapitel

Kompetenzaufbau im Unternehmensverbund

4. Kompetenzaufbau im Unternehmensverbund

4.1 Überblick und Aufbau

Der vierte Teil dieses Buches beschreibt *unternehmensübergreifende* Aspekte des Kompetenzaufbaus in dezentralen Strukturen. Es wird also vorgestellt, wie Tochterunternehmen innerhalb einer Unternehmensgruppe oder Holding – oder schlicht kooperativer Systeme - Kompetenzen aufbauen können.

In immer mehr Unternehmen haben sich die Erfolgsfaktoren der Vergangenheit geändert. Nach Frese (1993, 1003) wird die Basis der langfristigen Stabilität strategischer Positionen vor allem durch drei Erfolgsfaktoren gesichert.

- Aufbau einer starken Produktposition auf der Basis technologischer Überlegenheit oder leistungsfähiger Marketingkonzepte.
- Aufbau und Kontrolle leistungsfähiger Vertriebswege.
- Beherrschung des Produktionsprozesses, insbesondere hinsichtlich seiner Kosteneffizienz.

Ein Mittel, um diese Ziele zu erreichen ist das Eingehen von Kooperationen. Damit eröffnet sich die Möglichkeit, trotz einer Spezialisierung/Fokussierung auf Kernkompetenzen die Vorteile von gemeinsamer Stärke auszuschöpfen. Dabei gibt es ausserhalb der Kooperation keine wirtschaftliche Abhängigkeit. Der Begriff der "Freiwilligkeit" folgt aus dem Fehlen von bindenden Anweisungen aus hierarchischen Beziehungen.

Einen Eindruck verschiedener Arten von Kooperationen gibt die folgende Tabelle:

Faktor	Ausprägung				
Beteiligte Wirtschaftsstufen	Horizontale Kooperation Verschiedene oder gleiche Produkte/ Marktsegmente	Vertikale Kooperation Zwischen Hersteller und Kunden		Diagonale Kooperation Verschiedene Branchen	
Gemeinsam durchgeführte Funktion	Gesamtfunktionelle Kooperation Alle Bereiche der Wertschöpfungskette	Sektorale Kooperation Zusammenarbeit nur in ausgewählten Bereichen der Wertschöpfungskette			
		F&E	Produktion	Vertrieb	...
Formalisierungsgrad der Vereinbarungen	Informelle Vereinbarung Z.B. Austausch von Personal und/oder Informationen	Vertragliche Vereinbarungen Technologie-/Know-how-Transfer durch Lizenzen, vertraglich abgesicherte Projekte			
Dauer	Unbefristet	Befristet		International	Global
Marktgebiet	Regionale	Überregional			
Nationalität	Innerhalb eines Landes	Länderübergreifend			
Intensität	Geringe Abhängigkeit	Hohe Abhängigkeit			

Abbildung 24: Arten der Kooperation (Auswahl)[30]

Unternehmen gehen zunehmend dazu über, überschaubare Bereiche mit Gewinn- und Verlustverantwortung zu etablieren. Am konsequentesten geschieht dies bei gleichzeitiger Anpassung rechtlicher Strukturen an die Verantwortlichkeitsbereiche. Daher sieht Gomez (1994) in der Holding auch das Organisationskozept der neunziger Jahre. Die Frage stellt sich, wie sich Vorteile aus der Zugehörigkeit zu einem Unternehmen ziehen lassen, welche Synergien nutzbar sind, und wie sich also unternehmensübergreifend Kompetenz aufbauen lässt. Diese Fragen soll das vorliegende Kapitel beantworten.

---

[30] Vgl. Harrigan, 1985, 122f; Hopfenbeck, 1989, 143ff.

Es werden aufbauend auf den Erkenntnissen aus dem dritten Kapitel zunächst strategische Gründe der Kooperation zwischen Geschäftseinheiten dargestellt. Zu diesen strategischen Bereichen geben Checklisten am Ende jedes Unterkapitels dem Leser die Möglichkeit, das eigene Unternehmen "auf die Probe zu stellen". Anhand einer Firma, deren Geschäftseinheiten erfolgreich kooperieren, wird anschliessend im Rahmen einer Fallstudie der Vorteil des gemeinsamen Kompetenzaufbaus nachgewiesen. Es zeigt sich, dass gewisse Rahmenbedingungen vorhanden sein müssen, damit der Kompetenzaufbau klappt. Welche Möglichkeiten es gibt, diese Rahmenbedingungen aufzubauen und miteinander zu integrieren, zeigt das letzte Unterkapitel.

4.2 Strategisch-Ökonomische Gründe der Kooperation

Kooperationen können neben einer *Verringerung unternehmerischen Risikos* auch die *Beeinflussung der Wettbewerbsstruktur* (also beispielsweise eine erhöhte Macht gegenüber Marktpartnern) zum Ziel haben.[31] Weitere Gründe sind die Erzielung von *Skalenvorteilen* bzw. ein Voranschreiten auf der Lernkurve und schliesslich der *Zugriff auf Technologien und Know-how* des Kooperationspartners. Diese strategischen Überlegungen des Managements werden in der Folge dargestellt.[32]

4.2.1 Verringerung des unternehmerischen Risikos

Das Thema "Umgang mit Risiken" wird in Zukunft – nicht nur wegen steigender gesetzlicher Anforderungen – zunehmend in Theorie und Praxis diskutiert werden. Zunächst gibt es die Möglichkeit, Unsicherheiten durch "gemeinsame Macht" zu reduzieren. Dazu gehört neben der – sicher nicht zu vernachlässigenden – Bildung von Sicherheit durch Informationsaustausch[33] auch die Möglichkeit, aus ökonomischer

---

[31] Vgl. Porter/Fuller (1989, 375-390).
[32] Allerdings stellen Porter/Fuller den Gründen für eine Zusammenarbeit auch Kosten der Kooperation entgegen. Diese liegen *erstens* in Koordinationskosten/Absorption von Managementkapazität, *zweitens* in einer Untergrabung der eigenen Wettbewerbsposition (beispielsweise durch unbeabsichtigten Informationstransfer) und *drittens* in der Entstehung einer nicht vorhersehbar ungünstigen Verhandlungsposition in der Kooperation.
[33] Organisationale und technologische Kompetenz zur Innovation ist schwer genau zu fassen und zu beschreiben. Dies erschwert ihren Handel in Märkten oder auch die Kommunikation in Unternehmenshierarchien (Powell 1987). "The open-ended, relational features of networks, therefore, greatly enhance the ability to transmit and learn new knowledge and skills for an innovation".

Unsicherheit resultierende Risiken (beispielsweise im Bereich der Ressourcen*versorgung*) zu verringern.

FALLBEISPIEL: UNSICHERHEIT IN DER ELEKTRONIKENTWICKLUNG

Die deutsche Schalterindustrie

Unter Gira, Berker und Jung, drei mittelständischen Herstellern von Elektroinstallationsprodukten, herrschte Mitte der siebziger Jahre grosse Unsicherheit. Während "Dauerläufer" wie Lichtschalter und Steckdosen erfolgreich alleine entwickelt werden konnten, war bei elektronischen Produkten wie Dimmern, Trafos etc. die Unsicherheit grösser und keiner der Hersteller traute sich hier die Entwicklung zu. Durch die Zusammenführung eigener Entwicklungsabteilungen und Gründung einer gemeinsamen Tochtergesellschaft (INSTA) gelang es, die erheblichen Risiken zu teilen und Unsicherheiten zu reduzieren und nicht zuletzt auch, kompetente Ingenieure (*die entscheidende Ressource im Entwicklungsbereich*) für die Mitarbeit zu begeistern.

Verringerung unternehmerischer Risiken: Eine Checkliste

1. Kennen Sie die Risiken, die den Fortbestand Ihres Unternehmens gefährden?
2. Lassen sich diese Risiken "segmentieren", d.h. in Teilrisiken zerlegen?
3. Können Sie diese Risiken vermeiden?
4. Können Sie diese Risiken teilen (z.B. durch Kooperationen)?
5. Können Sie diese Risiken abwälzen (z.B. durch spezielle Versicherungen)?

4.2.2 Machtausübung gegenüber Marktpartnern

Gegenüber verschiedenen Gruppen lassen sich Möglichkeiten der Machtausübung aufzeigen:

Die Manipulation des *bestehenden Wettbewerbs* lässt sich durch eine Quersubventionierungsstrategie erreichen. Kleineren spezialisierten Anbietern gegenüber können Gewinne aus anderen Bereichen zur preislichen Unterbietung genutzt werden. Gegenüber grösseren, und in anderen Marktsegmenten eventuell führenden, Wettbewerbern lässt sich ein Bedrohungspotential aufbauen.

Potentiellen neuen Wettbewerbern gegenüber ist die Abschottung von Wettbewerbsarenen möglich. So lassen sich Mobilitäts- und Eintrittsbarrieren beispielsweise durch eine grössere Abdeckung des Marktes aufbauen. Eine weitere Möglichkeit liegt in der kooperations- und verflechtungsbedingten Desinformation über

Gewinnpotentiale in Einzelmärkten. Von Konkurrenten potentiell erkennbare hohe Gewinne – beispielsweise wegen erforderlicher Publizitätsanforderungen börsenkotierter Gesellschaften – sind in diversifizierten Unternehmen schwerer einzelnen Bereichen zurechenbar.

Von *Kunden und Lieferanten* lassen sich Monopolrenten abschöpfen. Eine ausreichende Machtstellung in einem Produktbereich lässt sich – kartellrechtliche Unbedenklichkeit vorausgesetzt – ausnutzen durch Kuppelverkäufe. Damit wird der Kunde auf verschiedenen Ebenen abhängig von den eigenen Produkten und ein Wechsel würde erheblichen Aufwand für ihn bedeuten ("Switching Costs"), so dass Preisspielräume ausgenutzt werden können.

Analyse der "Machtsituation" ihres Unternehmens: Eine Checkliste

1. Listen Sie die wichtigsten Gruppen, die ein Interesse an Ihrem Unternehmen haben (Anspruchsgruppen) auf. Das können neben Kunden und Lieferanten auch Mitarbeiter, örtliche Politiker etc. sein.
2. Fragen Sie sich, welche Interessen diese Gruppen haben. Werden diese Interessen befriedigt?
3. Welche Macht haben diese Gruppen? Haben Sie Alternativen zu unzufriedenen und mächtigen Gruppen?
4. Wenn nicht, wie wahrscheinlich ist die "Ausübung" dieser Macht? Sie wird zunehmend wahrscheinlich, wenn Ihre Aktivitäten für diese Gruppe wichtig sind, die Gruppe Alternativen zu Ihnen hat, also nicht auf Sie angewiesen ist.
5. Können Sie Alternativen entwickeln?
6. Können Sie (z.B. durch Kooperationen) Gegenmacht aufbauen?
7. Können Sie die Kommunikation mit diesen Gruppen verbessern?

4.2.3 Vorteile durch Größe: Economies of scale

Sowohl im finanz- wie auch im leistungswirtschaftlichen Bereich können Grösseneffekte zu Kosteneinsparungen führen.

Auf den *Kapitalmärkten* lässt sich *Eigenkapital* erst bei einer gewissen Grösse am Kapitalmarkt beschaffen. Im *Fremdkapitalbereich* kann, neben dem Zugang zu Anleihemärkten, ein risikomindernder "Portfolio-Effekt" die Kapitalkosten senken.

Im leistungswirtschaftlichen Bereich lassen sich auf den *Beschaffungsmärkten* Synergien erzielen, wenn durch verschiedene Teileinheiten des Konzerns eine erhöhte Nachfrage bei einem Lieferanten zu einer (rabattfördernden) Steigerung des Bestellvolumens führt. Erst eine Mindestmenge erlaubt oft spezifische Leistungen oder Grössenvorteile in der Leistungserstellung beim Lieferanten. Die Machtausübung auf der Preisseite ist in der

Systematik dieser Arbeit der Kooperation zur Machtausübung hinzuzurechnen und damit analytisch zu trennen von Effizienzsteigerungen, bei denen es sich nicht um eine Umverteilung, sondern um die Hervorbringung von Renten handelt.

In der *Produktion* kann der Effekt einer Erfahrungs- oder Lernkurve zu einer Zeit- und damit Kostenreduktion führen. So sollen operationale Synergien bei Verdopplung der kumulierten Ausbringungsmenge zu einer potentiellen Stückkostendegression von 20-30% führen (vgl. Hedley, 1977).

In der *Marktperspektive* lässt sich durch die Zusammenstellung von Systemangeboten, d.h. die Abstimmung von Produkten auf einen gemeinsamen Verwendungszusammenhang (z.B. Hard- und Software), eine Differenzierungsmöglichkeit am Markt erreichen. Eine zweite Option ist die Erstellung eines "Komplettangebotes", d.h. eines Angebots von Gütern, die normalerweise gemeinsam von Handel und Endverbrauchern nachgefragt werden.

FALLBEISPIEL: SYSTEMATISCHE NUTZUNG VON SKALENVORTEILEN

Berliner Elektro[34]

Die Berliner Elektro Holding AG ist ein in den 80er Jahren aufgebautes Unternehmensmodell mit dem Ziel der Bündelung mittelständischer Kräfte. Der charismatische Unternehmensgründer, Manfred Bernau, kaufte zunächst Unternehmen der Elektrobranche, so dass sich ein dynamisches Unternehmenswachstum von 30 Mio 1982 auf 1,5 Mrd. DM Mitte der neunziger Jahre ergab. Die Eigentümer verkauften diese Unternehmen vor allem aus Gründen der Nachfolgeproblematik oder mangelnder Erfahrung bei der Internationalisierung. Entscheidende Hebel bei der Wertschaffung in diesen Unternehmen war zunächst ein oftmals vergleichsweise günstiger Kaufpreis und die Etablierung eines aussagekräftigen Rechungswesens in den Unternehmen, das durch einen Controller auf Holdingebene unterstützt wurde. Anfang der neunziger wurde eine "Synergieinitiative" beschlossen. Entlang einer Matrix wurden die Beteiligungsunternehmen aufgelistet, Synergien entlang der Wertkette wurden (mit Prioritäten) in dieser Matrix eingeordnet und "gehoben".

---

[34] Vgl. dazu ausführlicher Deussen, (1995).

Eine zusammenfassende Systematisierungsmöglichkeit stellt folgende Graphik dar (Ringlstetter, 1995):

Wertschaffende Synergiepotentiale

		Ressourcenperspektive			Marktperspektive
Quellen		Ressourcen-allokation	Ressourcen-fluss		Absatzmärkte
der	**Komplementarität**	Wechselseitige Befruchtung	Arbitrage-Vorteile	Risikosenkung für Lieferanten (Kuppelprodukt)	Systemangebote
Synergie	**Differenzierung**	Wissenstransfer; Aktivitätenbündelung		Erhöhte Nachfragemacht	Beschaffungsmärkte

Abbildung 25: Quellen und Potentiale von Synergien

Analyse der "Grössensituation" ihres Unternehmens: Eine Checkliste

1. Haben Sie die Ressourcen- und die Marktperspektive betrachtet?
2. Lassen Sie in der Ressourcenperspektive Ihre Experten (Einkaufsleiter, Produktionschef...) Abschätzungen zu Vorteilen durch Grössenwachstum vornehmen? Massstab müssen dabei immer Ihre Wettbewerber sein.
3. Lassen sich durch Kooperationen diese Grössenvorteile erlangen?
4. Betrachten Sie auch die Aufwandsseite – idealerweise handelt es sich um standardisierbare Vorgänge mit einer grossen Hebelwirkung? Verzichten Sie auf Grössenvorteile, wenn grosser laufender Aufwand für die Koordination und Überwachung anfällt?

4.2.4 Aufbau von Wissen und Technologie

Die bisherige Theorie der Firma, die sich weitgehend am Zusammenspiel von Arbeit und Kapital orientiert, wird in jüngster Zeit besonders um die Kombination personaler und organisationaler Momente der Wissensbasierung ergänzt. Da dieser Bereich das Hauptanliegen des vorliegenden Buches ist, sei an dieser Stelle ausführlich auf strategische Möglichkeiten zum Kompetenzaufbau eingegangen.

Drei Komponenten werden bei dem Kompetenzaufbau innerhalb strategischer Allianzen (und diese sind auf den Holdingkontext übertragbar) besonders hervorgehoben (vgl. Probst/Büchel 1997, Hamel, 1991). *Erstens* ist die *direkte Lernorientierung* ein wichtiger Faktor, *zweitens* sollte das Wissen des Partners möglichst *transparent* sein und *drittens* muss die eigene *Lernfähigkeit* ausreichend ausgeprägt sein.

In diesem Zusammenhang kann kooperatives Verhalten den Charakter einer "Routine" haben (March 1991). Nach Berger/Luckmann (1980, 56) ist "(a)lles menschliche Tun ... dem Gesetz der Gewöhnung unterworfen. Jede Handlung, die man häufig wiederholt, verfestigt sich zu einem Modell, welches unter Einsparung von Kraft reproduziert werden kann und dabei vom Handelnden als Modell aufgefasst wird." Kann daher innovatives Verhalten "routinisiert" werden, kann diese "Innovationsfähigkeit" zum Aufbau überlegener Ressourcen selbst die entscheidende Ressource werden. Ein einfaches Beispiel: Ein gewisser Kreis von Bekannten steht mir bei der Lösung von Problemen zur Verfügung. Ohne länger nachzudenken, greife ich zum Telefon, um mir benötigte Informationen zu beschaffen (vgl. die Ausführungen zum Kompetenzaufbau auf individueller Ebene). Damit zeigt sich schon bei der Einzelperson: Innovation ist immer stärker an Kooperationen gebunden. Umso mehr gilt auf der Ebene von Unternehmen: selbst wenn eine weite Verbreitung und starke Interdependenz organisationaler und/oder technologischer Kompetenz zwischen Firmen vorliegt, sind organisationale und technologische Kompetenzen für Innovationen doch z.T. schwer zu fassen und zu beschreiben. Daher kann man sie auf Märkten kaum erwerben und selbst innerhalb von Unternehmen nur schwer kommunizieren (Raub 1997).

Dagegen steht "einfacheres" Lernen aus Erfahrung. Das in Managementpraxis und strategischer Unternehmensplanung seit langem thematisierte *Erfahrungskurvenkonzept* (Henderson, 1984, 19, erstmals 1968) stellt die folgende Hypothese auf: Die "in der Wertschöpfung eines Produktes enthaltenen Kosten scheinen mit jeder Verdopplung der kumulierten Produkterfahrung im Industriezweig als Ganzes um 20-30% abzufallen, wie auch beim einzelnen Anbieter".

Ursächlich sind:

- Lernerfolge menschlicher Arbeitsverrichtung bei der Wiederholung repetitiver Aufgaben durch verbesserte Fertigkeiten und Fähigkeiten.
- Technischer Fortschritt, der sich in Produkt- und Verfahrensinnovation ausdrückt.

Interessant ist hier eine Untersuchung der *konkreten Mechanismen*, die den Wissensaufbau begünstigen. Hier handelt es sich sowohl um Möglichkeiten formaler, expliziter Koordinationsmechanismen wie informaler, impliziter Koordinationsprozesse (Grant, 1996, 114f).

Mechanismus	Merkmale der Anwendung	Anmerkung
Regeln und Anweisungen	Minimierte Kommunikation (gerade zwischen Spezialisten und reinen "Wissensanwendern") Möglichkeit, implizites in explizites Wissen umzuwandeln	Minimiert Kommunikation und kann damit Gesamtoptimierung behindern Durch die Explizierung wird die **Imitierbarkeit** auch auserhalb des Unternehmens möglich
Sequenzierung	Unterteilung der Anwendung in zeitlich unabhängig ausführbare Prozesse	Stark produktabhängig Minimiert Kommunikation und kann damit Gesamtoptimierung behindern **Erschwert Imitierbarkeit** v.a. bei Verlassen von Schlüsselpersonen
Routinisierung	Routinen können komplexe Interaktionsmuster unterstützen, ohne auf die (Nachteile der) beiden erstgenannten Mechanismen zurückzugreifen	Verbindung (gleichzeitiger) Leistung von Spezialisten möglich Sehr variable Sequenzierung der Interaktionen möglich **Schwer Imitierbar**, da komplex, kontextsensitiv und (mehr-) personengebunden.
Gruppenproblemlösungs- und entscheidungsprozesse	Persönliche und kommunikationsintensive Lernform Eher effektivitäts- als effizienzbezogen Bei komplexen Problemen und/oder hoher Unsicherheit geeignet	Kostenintensiv, da oft auf "tacit knowledge" bezogen **Schwer imitierbar**, da komplex, kontextsensitiv und (Mehr-) personengebunden

Abbildung 26: So bauen Sie Wissen auf

FALLBEISPIEL: KOMPETENZAUFBAU IN DER ELEKTRONIKINDUSTRIE

Die Lebaz S.A.

Die Konzernleitung des 1956 in Wien gegründeten Unternehmens besteht aus den jeweiligen Führungskräften der Geschäftsbereiche, die durch einen kleinen Konzernstab (Lebaz International SA) unterstützt werden. Der Konzernstab ist für die zentralen Funktionen Finanzen, Administration, Controlling, Einkauf, Umwelt, Information und Konzernentwicklung zuständig. Es obliegt der Konzernleitung (KL), über Konzernziele wie auch über die Zuteilung von Kapital an die Geschäftsbereiche und Einzelunternehmen zu entscheiden. Die Gruppe beschäftigt etwa 9.000 Mitarbeiter und ist in zwei Sparten geteilt: Bodenbeläge (mit den Bereichen Marmor, Holzböden, Linoleum, Kunststoffbeläge und Textilbeläge) sowie dem Bereich PLASTEC (dessen Unternehmen Technische Beschichtungen, Extrusionsmaschinen, Dekorfolien und Klebetechnik herstellen). Die folgende Darstellung zeigt die Umsatzaufteilung:

Aufteilung des Umsatzes (1997: 20 Mrd. ATS.)

Bauzuliefererprodukte
4 Mrd. (= 25%)

Industrieprodukte
16 Mrd. (= 75%)

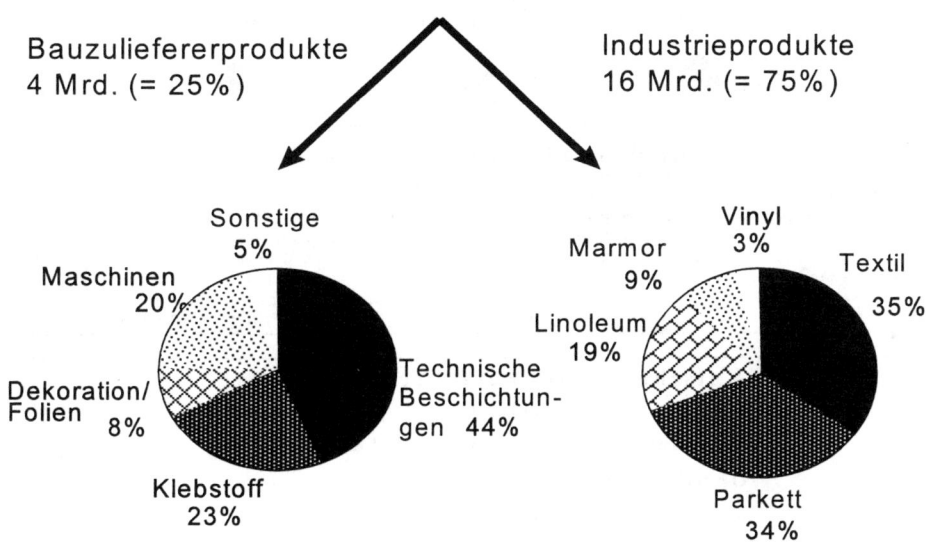

Maschinen 20%
Sonstige 5%
Dekoration/Folien 8%
Technische Beschichtungen 44%
Klebstoff 23%

Marmor 9%
Vinyl 3%
Textil 35%
Linoleum 19%
Parkett 34%

Abbildung 27: Umsatzaufteilung der LEBAZ S.A.

Ein beispielhafter Fall ist die Zusammenarbeit der Unternehmen Garant (NL), Lestur (A) und Jawus (D). Diese Unternehmen sind in völlig unterschiedlichen Branchen mit unterschiedlichen Kundengruppen tätig:

Die Garant AG stellt im Bereich Aussenwerbung front- oder rückseitig beleuchtbaren bzw. anstrahlbaren Werbefolien her.

Die Lestur KG ist Hersteller von PVC-Fussböden. Der Bereich ist sehr stark designorientiert. Ein teilweise zweijähriger Kollektionszyklus ermöglicht die ständige Anpassung an den Kundengeschmack.

Schliesslich löst die *Jawus GmbH* mit dem Bereich Transportbänder die logistische Aufgabe, Industrie- oder Gebrauchsgüter just in time an den richtigen Ort zu bringen. Neben der Warenverteilung und Kommissionierung ist auch der innerbetriebliche Transport von Produkten in Fertigungslinien mit Hilfe von Prozessbändern von Bedeutung. Diese werden aus PVC hergestellt.

Diese drei Unternehmen arbeiten bei der Kunststoffverarbeitung auf sog. Kalandermaschinen sehr eng zusammen. Die folgende Grafik zeigt die Vorteile, die die Unternehmen, die auf völlig verschiedenen Märkten agieren durch enge Kooperation bei technologischen Verfahren generieren.

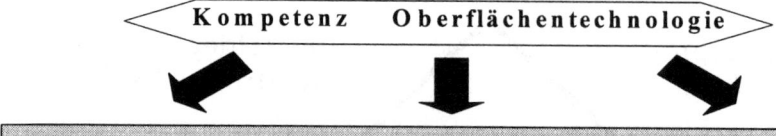

Kompetenz Oberflächentechnologie

Entscheidende Produkteigenschaften

LESTUR	JAWUS AG	GARANT
•Design: Farben, Muster	• Generell: Haftungseigenschaften:	•allg. Beschichtungseigenschaften:
•ökolog. Verwertbarkeit	Adhäsives Dehäsives Verhalten	Leichter Farbauftrag
•Pflegeleicht/abwischbar	Dimensionsstabil Quersteif keine	•UV-beständig/Farbecht
•Strapazierfähig/Dauerhaft	Längung aber flexibel dünn	•Witterungsbeständig
Rutschfest	•Lebensmittelecht	•Strapazierfähig
	•Antistatisches Verhalten	•Preis (mehr Luft/Füllstoff)

Entscheidendes Verfahrenswissen
Umgang mit Naturstoffen
Kalandertarierung (Verfahrenssicherheit)
Oberflächenbehandlung
Rezeptwissen (Mischung, Prozess)
Lieferantenkenntnis

Abbildung 28: Durch Wissensvorsprung zum Kompetenzaufbau

Die Verarbeitung von Materialien stellt in dieser Branche aufgrund des spezifischen Wissens eine entscheidende Technologie dar. Dennoch basiert die Kompetenz in der Oberflächentechnik nicht nur auf *technologischen Fähigkeiten*. Auch Investitionen in *spezifische Anlagen* und die *organisationale Verankerung* stützen den Wettbewerbsvorteil, wie die folgende Übersicht demonstriert. Schon bei der Akquisition von Unternehmen wird auf die *strategische "Überlappung"* auf der Markt- oder Technologieseite Wert gelegt. Damit kann eine derartige Kompetenz nur langfristig aufgebaut werden – ist in einem solchen Fall aber kaum imitierbar und stellt damit einen langfristigen Wettbewerbsvorteil dar.

Das Unternehmen hat eine besondere Kompetenz in der Oberflächentechnik
Differenzierte technologische Fertigkeit
Aufbau / Zuführungsgerüst der Kunststoffmaschine
Laufende Anpassung der Walzen bei der Verarbeitung
Mischungsverhältnisse und Berücksichtigung/Maschinenneueinstellung bei Unwägbarkeiten von Naturstoffen
+ Komplementäre Anlagegüter
Maschinelle Ausstattung
Beschichtungsanlage auf Magnetkraftbasis
Patentiertes Beschichtungsverfahren und Exklusivliefervertrag mit Beschichtungs-Lieferanten
+ Organisationale Routinen und Fähigkeiten
Dauernde Reflektion über Kompetenzanwendung innerhalb der Gruppe
Keine funktionale Verantwortung der Geschäftsführer
Entsenden von Technikern ohne direkte Gegenleistung/Verzicht auf bürokratische Verrechnung
Ähnliche Vokabeln und Sprachgebrauch
+ Strategische Überlappung
Gemeinsame Anwendungsgebiete bei gleichzeitig unterschiedlichen Märkten
Ähnliche Führungsstrukturen in allen Beteiligungsgesellschaften
= LANGFRISTIG EINZIGARTIGE WETTBEWERBSPOSITION
Einzigartige Unternehmenskonfiguration: "Teilüberlappende" Tätigkeitsgebiete
Fokusbedingte Innovationsmöglichkeiten bei gleichzeitigem kooperativem Austausch
Kultur der Zusammenarbeit

Abbildung 29: Identifikation organisationaler Kompetenz der Lebaz-Gruppe in der Oberflächentechnologie

4.3 Zahlt Kooperation sich aus?

Im Rahmen unseres Forschungsprojektes zum eben erwähnten Fall der Firma Lebaz untersuchten wir auch die finanziellen Auswirkungen der Kooperation. Die 27 Unternehmen der Gruppe kooperieren sehr eng miteinander. Diese Kooperation findet auf zwei Ebenen statt: Einerseits werden Produkte von gewissen Unternehmen auch an andere Unternehmen innerhalb der Gruppe verkauft. Andererseits findet ein reger Austausch von Ideen statt.

Welche Auswirkungen hat ein verstärkter interner Austausch von Produkten? Im Rahmen unseres Forschungsprojektes ermittelten wir die Kooperationsintensität als Prozentsatz intern verkaufter Produkte an den gesamten Verkäufen – jeweils für alle Unternehmen der Holding.[35] Als Messgrösse für den Erfolg des Unternehmens sahen wir uns den *ROS* (Return on Sales, auf deutsch: die Umsatzrendite) an. Ausserdem betrachteten wir den *ROA* (Return on Assets bzw. die Gesamtkapitalrendite). Diese Messgrösse wird besonders von wertorientierten Konzepten im Rechnungswesen vorgeschlagen.[36]

---

[35] Forschungsprojekt des Schweizerischen Nationalfonds, vgl. Deussen, 1999.
[36] Der ROS wird als einfacher Massstab häufig zur Beurteilung der Rentabilität eines Unternehmens eingesetzt. Der Grund für die Orientierung am ROA liegt im einfachen Gedanken, dass ein Unternehmen sein (Eigen- und Fremd-) Kapital angemessen verzinsen muss.

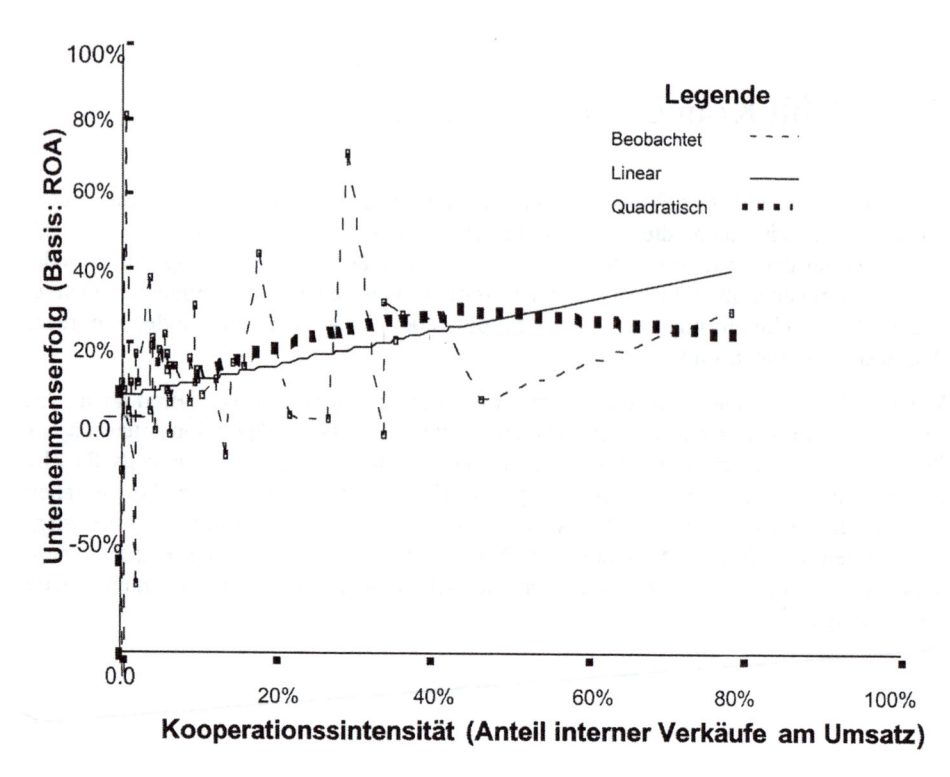

Abbildung 30: Der ROA steigt bei verstärkter Kooperation

Hier zeigt sich bei der linearen Schätzung ein positiver Zusammenhang von Kooperationsintensität und ROA, bei der quadratischen Schätzung ist die Kurve "umgekehrt U-förmig". Dabei ist die statistische Erklärungskraft der linearen Schätzung höher. Daher die folgende Zusammenfassung:

Erhöht Kooperation die Kapitalrentabilität?

Forschungsergebnis: Eine verstärkte Kooperation erhöht die Gesamtkapitalrendite.

Als Ursache nehmen wir an, dass die Fokussierung der Assets entsprechend den Kompetenzen des Unternehmens die Spezialisierung des Unternehmens erhöht. Das Unternehmen wird damit zum integrierten Nischenanbieter in dem Sinne, dass jedes Einzelunternehmen eine Nische besetzt, eine Integration aber auf Unternehmensebene stattfindet. Wir gehen davon aus, dass der "Haupttreiber" der verbesserten Kapitalrendite die bessere Nutzung vorhandener Anlagen ist.

Im Gegensatz zum ROA scheinen beim Erfolgsindikator ROS komplexere also quadratische oder kubische Modelle eine höhere Erklärungskraft zu besitzen.[37] Wie die Abbildung 31 verdeutlicht, wirkt sich ein negativer Zusammenhang von Kooperationsintensität und Unternehmenserfolg (bei der gepunkteten Kurve) erst ab einer Kooperationsintensität von ca. 30% aus (d.h. bei Tochterunternehmen, die mehr als ein Drittel ihres Gesamtumsatzes intern generieren). Bis zu diesem Niveau ist eine positive Korrelation zu vermuten. Mit anderen Worten: Kooperieren Unternehmen intern stärker, steigert dies zunächst die Umsatzrendite. Wird es aber "zuviel" (im Beispiel ab 30% des Umsatzanteils von internen Kunden), wirkt sich dies negativ aus.

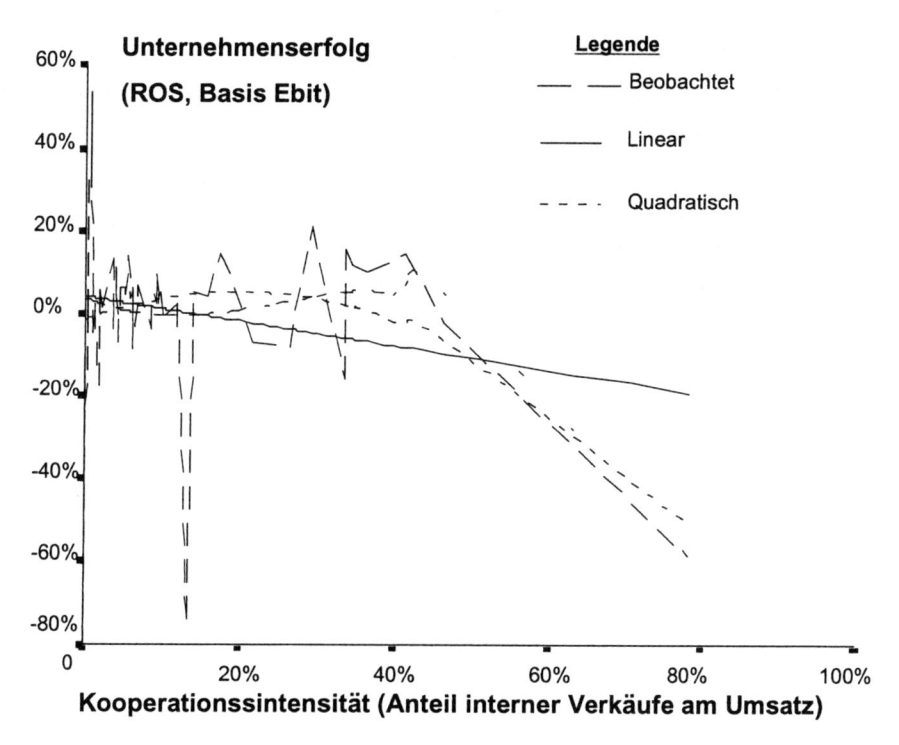

Abbildung 31: Die Umsatzrendite fällt, wenn die Kooperation zu stark wird

---

[37] Es lässt sich in dieser Betrachtungsebene ein linear negativer Zusammenhang von Kooperationsintensität und Profitabilität erkennen. Die statistische Erklärungskraft ist aber gering.

Damit lässt sich dieses Forschungsergebnis folgendermassen zusammenfassen:

> Erhöht Kooperation die Umsatzrendite?
>
> Forschungsergebnis: Der primäre Grund für ein Sinken des ROS bei über eine gewisse Intensität hinausgehender Kooperationsintensität liegt im Verlust des Kontaktes zum Markt bzw. einer daraus resultierenden schwachen internen Verhandlungsposition.

Analyse der "Wissensituation" ihres Unternehmens: Eine Checkliste

1. Welche Fähigkeiten spielen heute und in Zukunft eine strategische Schlüsselrolle für Ihr Unternehmen?
2. Welche Kooperationspartner kommen in Frage, um diese Rolle auszubauen?
3. Stimmen neben den Fähigkeiten auch die Werte und Kultur mit denen Ihrer Kooperationspartner überein? Ist ein ausreichendes Engagement zu erwarten?
4. Vermeiden Sie zu starke Risiken in diesen wichtigen Kompetenzfeldern (durch Wissens"lecks", einseitigen Wissensabfluss, usw.)

4.4 Die Rahmenbedingungen des Kompetenzaufbaus: Kommunikationsnetzwerke und "stabile" Verbindungen

Oben wurde der erforderliche Austausch von Ideen zwischen den Unternehmen angesprochen. Wie lässt sich dieser erreichen bzw. unterstützen? Die Antwort: ein klassischer Fall für "Wissensmanagement"! Mit dem Siegeszug von Informations- und Speichertechnolgie eine Frage, die manche schnell beantworten – ein ausgefeiltes Datenbanksystem müsse her! Mit dem weiteren Vorteil, dass damit das "Wissen des Einzelnen leicht abrufbar sei und endlich die totale Transparenz herrsche, "was denn nun jeder weiss"". Nahe liegt der Blick auch auf Beratungsunternehmen, die ja schon immer Vorreiter darin waren, Wissen zu erarbeiten, zu verteilen und zu nutzen. So effizient, dass die Mitarbeiter von Andersen Consulting, eines der grossen Beratungsunternehmen, schon mit dem Beinamen "Androids" versehen wurden, da sie standardisiertes Wissen und Vorgehen des Unternehmens zuverlässig abrufen und anwenden können. Dieses "kodifizierte" Wissen wird in Datenbanken abgespeichert. Beim Beratungsunternehmen Ernst&Young betreuen 250 Mitarbeiter das "Center for Business Knowledge". "Halt" rufen da allerdings die Autoren Hansen, Nohria und Tierney, die sich verschiedene Unternehmen der "Beratungsbranche" angesehen haben. Dieser Weg sei nur etwas für "Kodifizierer". Sogenannte "Personalisierer" wie die Top-Strategieberatungen Bain, BCG oder McKinsey legen dagegen deutlich mehr Wert auf sogenanntes "personalisiertes" Wissen. Sie "rücken den Dialog zwischen den einzelnen und nicht die Wissensobjekte einer Datenbank in den Mittelpunkt" (Hansen, Nohria und Tierney, 1999, 86). Hier wird gerade Wissen, das nicht kodifiziert wurde (vielleicht auch nicht kodifizierbar wäre) in Brainstorming-Sitzungen oder Einzelgesprächen weiterentwickelt. Die Tabelle zeigt die Unterschiede von "Wissensmanagement"-Systemen der Beratungsfirmen:

Methode Kodifizierung		Methode Personalisierung
Betonung auf der Wiederverwendung von kodifiziertem Wissen. Ermöglicht durch eine hochwertige, verlässliche und schnelle Implementierung von Informationssystemen	Strategie	Suche nach kreativen, streng analytischen Ratschlägen bei schwierigen strategischen Problemen. Ermöglicht durch die Weitergabe von individueller Expertise
Ökonomie der Wissenswiederverwendung Ausrichtung auf hohe Gesamteinnahmen Einmalige Investitionen in Wissenskapital, das viele Male wiederverwertet wird Einsatz grosser Teams mit verhältnismässig vielen Beratern pro Partner	Geschäftskonzept	**Ökonomie individueller Expertise** Ausrichtung auf das Erzielen hoher Gewinne Berechnung hoher Honorare für höchst klientenspezifische Lösungen einzigartiger Probleme Einsatz kleiner Teams mit verhältnismässig wenigen Beratern pro Partner
Dokumentenbasierter Wissensaustausch Entwicklung eines elektronischen Dokumentensystems, mit dem Wissen kodifiziert, gespeichert und wiederverwandt werden kann	Strategie beim Wissensmanagement	**Interpersoneller Wissensaustausch** Entwicklung von Personennetzen, so dass individuelles, implizites Wissen unter den Beteiligten ausgetauscht werden kann
Erhebliche Investitionen in die Informationstechnik mit dem Ziel, den Beratern den Zugriff auf wiederverwendbares, kodifiziertes Wissen zu ermöglichen	Informationstechnik	Massvolle Investitionen in die Informationstechnik mit dem Ziel, direkte Gespräche und den Austausch von implizitem Wissen innerhalb der Firma zu erleichtern
Andersen Consulting, Ernst&Young	Beispiele	McKinsey, Bain, ADL.

Abbildung 32: Beratungsfirmen als "Benchmark": Wie geht diese Branche mit Wissen um?

Interessant ist folgende Beobachtung von Hansen et al.: "Die wirklich erfolgreichen Firmen zeichnen sich dadurch aus, dass sie sich auf eine der beiden Strategien konzentrieren und der jeweils anderen Strategien nur eine Unterstützungsrolle zubilligen – kein Versuch also, beide Methoden in gleichem Umfang anzuwenden" (Hansen et al., 1999, 88). Welche der beiden vorgeschlagenen Strategien die richtige ist, hängt aber von einigen unternehmensindividuellen Umständen ab. So sollten Sie sich fragen:

1. Bieten Sie standardisierte oder massgeschneiderte Produkte an?
2. Sind Ihre Mitarbeiter beim Lösen von Problemen auf explizites oder implizites Wissen angewiesen?
3. Verfügen Sie über ein neuartiges oder ausgereiftes Produkt?

Besonders der letzte Punkt, der sich auf die entscheidende Frage "Innovation oder Reproduktion?" reduzieren lässt, sollte die Strategie beim Umgang mit Wissen bestimmen. Da in unserer Beispielfirma Lebaz S.A. die Produktinnovation Vorrang haben sollte, wurde folgerichtig eine stark auf Personalisierung ausgerichtete Strategie eingeschlagen. Um die Potenziale im Kompetenzaufbau nutzen zu können, wird von den Geschäftsführern der Holdingunternehmen erwartet, die Kooperation zwischen den Unternehmen voranzutreiben.[38]

Wie kann man aber den Austausch von Ideen beschreiben oder gar "kanalisieren"? Unsere Analyse zeigte, dass unterschiedliche "Startvoraussetzungen" für diesen Austausch vorliegen. Wir gehen davon aus, dass sich Ideen zum Kompetenzaufbau erst durch enge Kommunikationsbeziehungen entwickeln können. Daher befragten wir Geschäftsführer nach ihrem Beziehungsnetz in den folgenden Bereichen:

- Diskussionspartner im professionellen Bereich (Zuschreibung beruflicher Kompetenz)
- Informeller Diskussionspartner im sozialen Bereich (persönliche Affinität/ Freundschaft)
- Förderer im beruflichen Bereich (Respekt und Dankbarkeit)
- Förderer bei gruppenweiten Projekten ("politische" Macht und Sichtbarkeit in der Gruppe)

Die Antworten der Geschäftsführer wurden computerbasiert ausgewertet. Die folgende graphische Darstellung erlaubt einen Überblick über das Beziehungsnetz[39]:

---

[38] Hier schliesst sich der Kreis: Wissensaustausch wird damit zur Frage des persönlichen Umgangs mit Wissen – das erste Kapitel zeigte die Möglichkeiten des individuellen Umgangs mit Wissen und Informationen.

[39] Für derartige Erhebungen stehen machtvolle computerbasierte Analysewerkzeuge zur Verfügung. Die vorliegende Analyse führten wir mit "UCINET IV" und "Krackplot" durch.

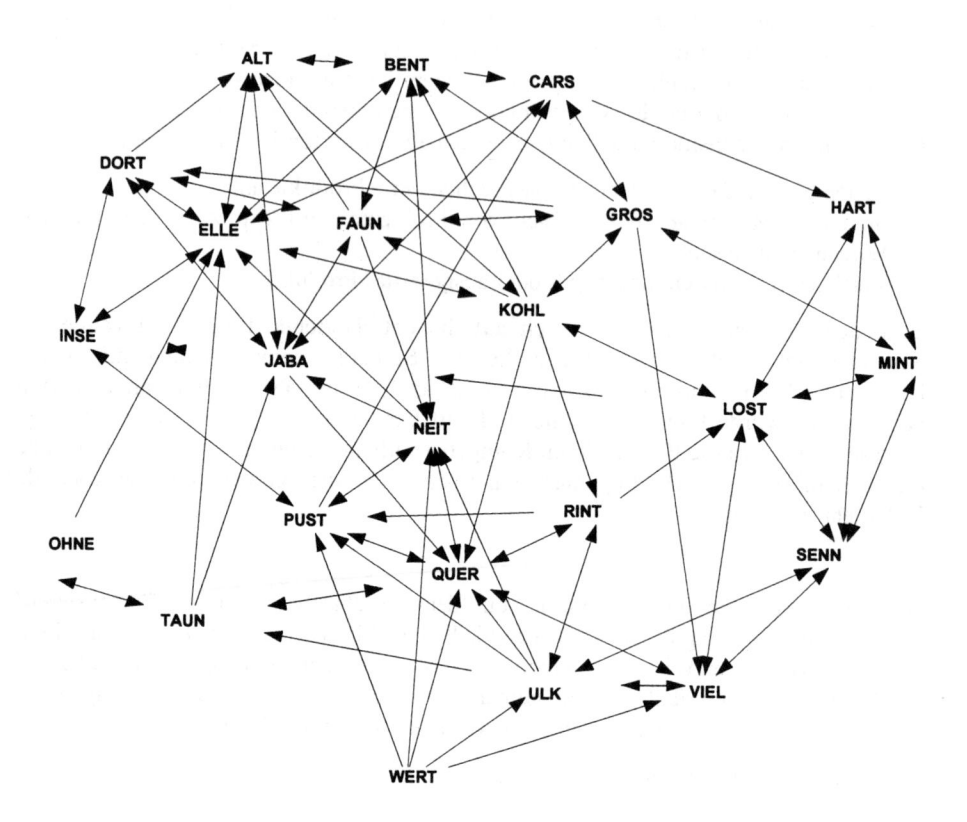

Abbildung 33: Das Beziehungsnetz der Geschäftsführer

Hier gibt es nun verschiedene Untersuchungsmöglichkeiten, die die "Vernetzung" des Einzelnen beschreiben. Anhand dieser Grafik können Sie sich fragen:

- Welches sind die sozial besonders vernetzten Personen, die viele face-to-face-Kontakte haben ("Zentralitätsgrad")?
- Wer sind die sogenannten "Gatekeeper", also Leute, die auf dem kritischen Pfad liegen, über den Informationen laufen werden? Diese Personen können wichtige Informationsbroker sein - oder auch den Informationsaustausch verhindern?

Neben der Analyse von Einzelpersonen lassen sich aber auch Gruppen betrachten. So zeigt die folgende Abbildung eine Analyse nach *Klans* auf, also Gruppen, die eine bestimmte Entfernung voneinander haben. Das folgende Schaubild zeigt mit "Kohl", "Bentl", "Cars" und "Jaba" die am besten "vernetzten" Geschäftsführer. Die

Kompetenzaufbau im Unternehmensverbund   139

"Reichweite" der Personen und damit die Informationsversorgung und – weitergabe in
den äusseren Kreisen ist dagegen geringer:

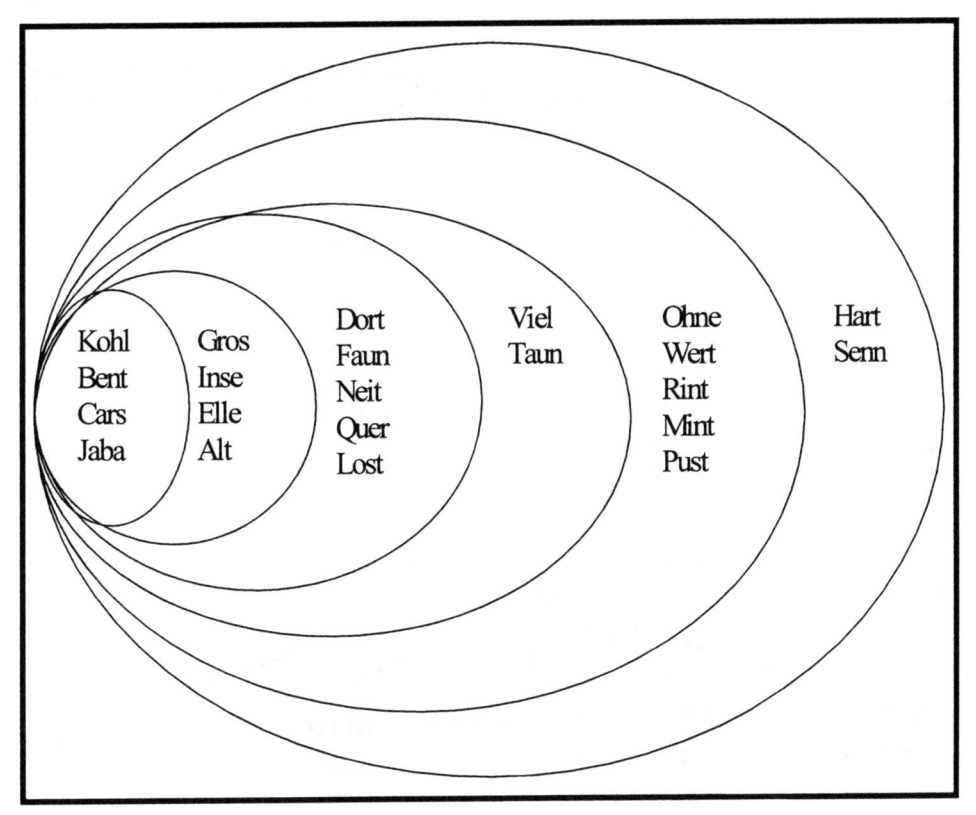

Kohl	Gros	Dort	Viel	Ohne	Hart
Bent	Inse	Faun	Taun	Wert	Senn
Cars	Elle	Neit		Rint	
Jaba	Alt	Quer		Mint	
		Lost		Pust	

Abbildung 34: "Reichweite 2" - Klans der Geschäftsführer

Eine Analyse nach Klans kann in der Unternehmenspraxis verschiedenen Zielen dienen:

- Berücksichtigung der Wissensträger in Projekten/Workshops.
- Überprüfungen sind möglich, welche besonderen Eigenschaften bei den internen oder auch externen Mitgliedern zu (Nicht-) Zentralität geführt haben.
- Massnahmen zur Beseitigung besonderer Entfernungen können getroffen werden
- Bei Neuausrichtungen lassen sich Rückschlüsse auf netzwerk-bedingte Innovationen ziehen.
- Der Einsatz als Kommunikations- / Darstellungstool ermöglicht Diskussionen.

Als letztes sei darauf hingewiesen, dass die Vernetzung eine Möglichkeit ist, den Verlust von Know-How durch Abgang/Austritt von Mitarbeitern zu verringern. Es wird in

Unternehmen oft unterschätzt, wie wichtig persönliche Wissensbestände sind. Dies ist oft ein Wissen, was nirgends abgelegt oder festgehalten wird. Wenn aber über eine Vernetzung der Personen im Unternehmen dieses Wissen breiter vorhanden ist, wird Know-How-Verlusten vorgebeugt.

Neben diesen "strukturellen" Möglichkeiten des Kompetenzaufbaus spielt die Art der Beziehung der Geschäftsführer eine erhebliche Rolle. Unsere Untersuchungen weisen auf verschiedene "kritische" Bereiche in diesem Zusammenhang hin.

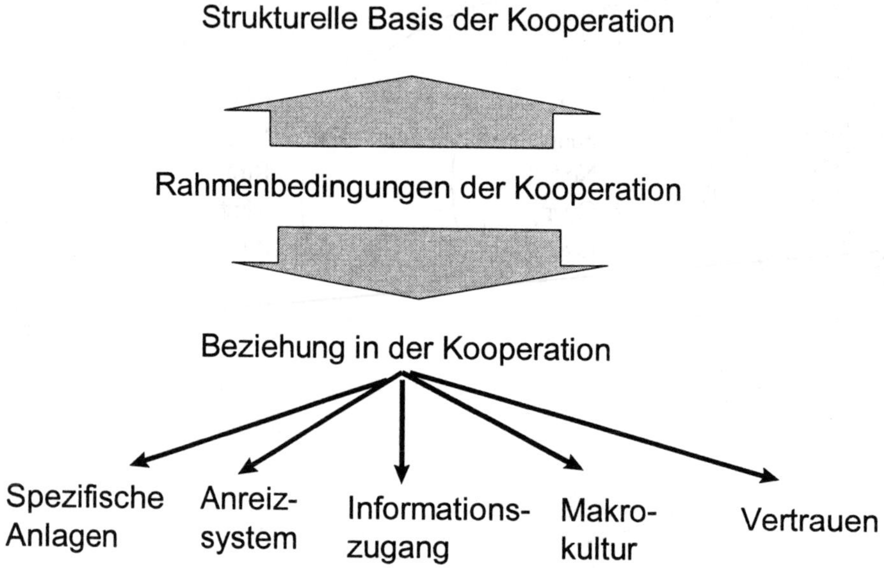

Abbildung 35: Die Beziehungskomponente in Kooperationen

Die *Problematik spezifischer Anlagen* liegt darin, dass eine "Erpressungsgefahr" besteht, wenn ein Kooperationspartner auf den anderen angewiesen ist (weil beispielsweise externe Lieferanten fehlen). Eine (Holding-) Zentrale als "Gerechtigkeitsgarant" kann dem entgegenwirken.

Risiko, Gewinnverteilung und Anreizstruktur spielen bei der Motivation eine entscheidende Rolle. Durch die Möglichkeit zur individuellen Absprache von "Ausgleichszahlungen" der Kooperationspartner oder eine wechselseitige Abhängigkeit kann die Motivation weiter gesteigert werden.

Der *Regelungsgrad* bzw. die *Kooperationskultur* lässt sich durch eine klare (und gelebte) Kompetenzregelung der Zentrale beeinflussen.

Schliesslich führt nur die Gewährung von Autonomiespielräumen dazu, dass Entscheidungen in der Kooperation zu mittelfristig beidseitigem Vorteil getroffen werden. Damit wird der wichtige Faktor *Vertrauen* aufgebaut. Verstärkt wird das durch eine (Holding-) Zentrale, die Commitment gegenüber der Kooperationsidee zeigt, Interventionen der Zentrale begründet und kulturelle "Mechanismen" zur Reduktion von Unsicherheit unterstützt.

4.5 Steuerungsmöglichkeiten des Kompetenzaufbaus

Dieses Kapitel beschreibt entscheidende *Steuerungsmöglichkeiten* des Managements. In den meisten Branchen bestimmten häufig nur wenige ausgewählte Märkte die Entwicklung der Branche.[40] So werden Trends in der Telekommunikation (bedingt durch die frühe Deregulierung) von den USA vorgegeben. Entwicklungen in der Unterhaltungselektronik werden dagegen parallel in den USA, Japan und bestimmten europäischen Ländern vorgedacht. Dies kann aber zu einem Dilemma führen: Während Geschäftsmöglichkeiten auf viele Kontinente verteilt sind (wobei – wie erwähnt – bestimmte Gebiete eine Vorreiterrolle einnehmen), sind die organisationsinternen Fähigkeiten innerhalb der Organisation oft in Tochtergesellschaften konzentriert. Diese Fähigkeiten und Ressourcen sind aus administrativen, regulatorischen oder persönlichen Gründen nicht leicht transferierbar. Daher verfolgen immer mehr Unternehmen ein Konzept der *Konzentration von Fähigkeiten*, anstatt also Innovationen oder Adaption von Innovationen von allen Bereichen zu fordern. Je nach Ausprägung und "Allgemeinverbindlichkeit" der Fähigkeiten können sich so für verschiedene Tochterunternehmen die "strategischen Rollen" ergeben, die die folgende Matrix darstellt:

		Höhe der Ressourcen und Fähigkeiten	
		Niedrig	**Hoch**
Strategische Bedeutung der lokalen Umgebung	Niedrig	"Nachahmer"	"Unterstützer"
	Hoch	"Schwarzes Loch"	"Führer"

Abbildung 36: Die Rolle der Tochtergesellschaften im Unternehmensverbund/Konzern

---

[40] Vgl. im folgenden Bartley/Ghoshal (1990), 242ff.

Diese Rollen beziehen sich allerdings nur auf bestimmte Funktionen oder Geschäftsfelder. In der Division "Coiffure" der Firma L'Oréal ist die deutsche Tochtergesellschaft beispielsweise der strategische Führer bei der Einführung ökologisch verträglicher Verpackungen. Durch hohe Umweltstandards und entsprechend sensibilisierte Mitarbeiter haben sich hier besondere Fähigkeiten herauskristallisiert, die von marktbezogenen Kenntnissen wie Markteinführungschancen von Mehrwegverpackungen bis zu technologischen Lösungen auf der Materialebene reichen. In Bezug auf Modetrends, die Zusammenarbeit mit Werbeagenturen oder technologische Entwicklungen nimmt dagegen die französische Tochter die Führungsrolle ein. Deutschland adaptiert als Nachahmer in Paris entwickelte Konzepte. Bei der Preissetzung, die sowohl von der globalen Markenführung als auch von lokalen Wettbewerbssituationen bestimmt wird, hat Deutschland eine Unterstützungsrolle.

Nachdem die Rolle und das strategische Verständnis der *Tochterunternehmen* beschrieben wurde, stellt sich natürlich die Frage, welche organisatorischen Bereiche *auf zentraler Ebene bzw. Holdingebene* zur Erreichung des Koordinationszieles beitragen. Grundlage ist die Einsicht in die Erfolglosigkeit direkter Interventionen in evolvierende, operationell geschlossene und eigengesetzliche soziale Systeme. Eine Alternative zu diesen Eingriffen bildet das zielgerichtete Einwirken auf die *Rahmenbedingungen* und die Beeinflussung der Regelstruktur, oder allgemeiner ausgedrückt: die Steuerung durch Beeinflussung der "Kontexte". Je nach Ausdifferenzierung der Tochterunternehmen einerseits und der Interdependenz der Unternehmen andererseits wird eine Matrix vorgeschlagen, in der verschiedene bestehende Steuerungssysteme zugeordnet werden.[41]

---

[41] Vgl. Naujoks (1993, 264); Gleissner (1994, 167ff); Deussen (1999, 198ff).

Kompetenzaufbau im Unternehmensverbund 143

```
                          Kulturell │ Unternehmens-    │ Managmement-
Hoch          Einflussnahme          │ "Kulturkonzepte" │ Development-
                                     │                  │ Systeme
Ausdifferenzierung                   │                  │
                                     ├──────────────────┼──────────────────
              Technokratisch         │ Anreizsysteme/   │ Planungs-
Mittel                               │ Informationssysteme│ und
                                     │                  │ Kontrollsysteme

                                     Dezentral          Zentral
                                          Einflussnahme
                                     Mittel      ↑    Hoch
                                          Interdependenz
```

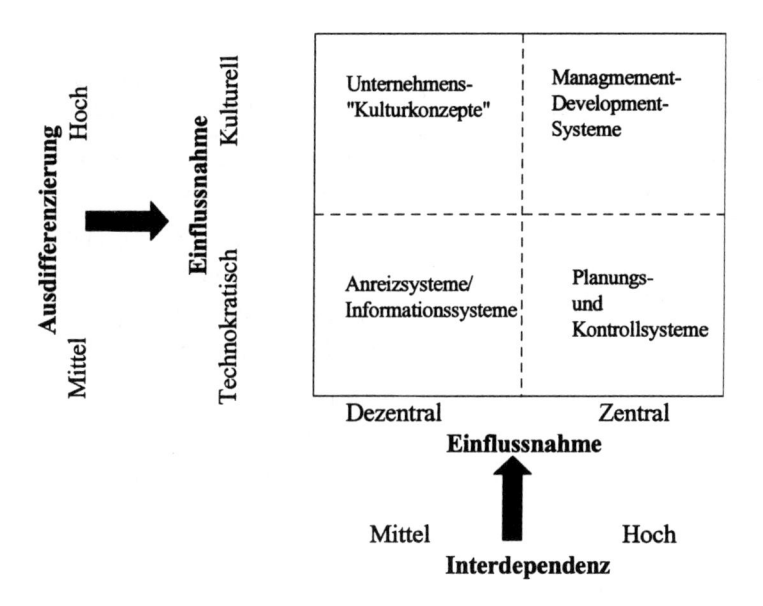

Abbildung 37: Die Steuerung von Rahmenbedingungen des Kompetenzaufbaus

In der Folge werden die "Quadranten" der Matrix in Bezug auf eine "kompetenzfreundliche" Steuerung dargestellt. *Wo* das Schwergewicht der Massnahmen liegen soll, ist für jedes Unternehmen individuell zu betrachten. Wichtig ist aber, dass in allen vier Bereichen Anreize (oder Hinderungsgründe!) eines Kompetenzaufbaus zu finden sind.

Im Bereich der *Planungs- und Kontrollsysteme* wurde in einem von uns betrachteten Unternehmen zur Beurteilung von Projekten zum Kompetenzaufbau eine Checkliste entwickelt, um den Erfolg des Projektes abzuschätzen.[42] Diese Checkliste kann leicht durch Gewichtung und Bewertung der Einzelfaktoren in eine Nutzwertanalyse überführt werden.

---

[42] Diese Checkliste stammt von einem Unternehmen, mit dem wir im Rahmen eines Projektes zusammengearbeitet haben.

Positive Faktoren	Negative Faktoren
■ Führung, Ressourcen und Zeitplan von der Holdingzentrale vor Projektstart definiert ■ Projekt wird von der Zentrale verfolgt und Berichte erfolgen an Treffen der obersten Leitungsebene ■ Oberste Leitungsebene demonstriert Unterstützung ■ Entlohnungssystem unterstützt Aktivitäten im Projekt ■ Bestrafungen bei Nicht-Ausführung ■ Klare Win-Win Situation für die beteiligten Einheiten	■ Widerstand gegen das Projekt beim lokalen Management ■ Widersprüchliche Aussagen der obersten Leitungsebenen ■ Widersprüchliche Anforderungen an das lokale Management ■ Ausnahmen gegenüber der Projektplanung vorhanden ■ Fehlende Transparenz in Organisation, Verantwortung und Fortschritt

Abbildung 38: Checkliste: Erfolgsaussichten von unternehmensübergreifenden Projekten zum Kompetenzaufbau

Neben dieser Checkliste ist aber auch das generelle Planungssystem von Bedeutung. Findet die Planung Top-Down im kleinen Kreis statt, oder wird im Rahmen von Strategieprozessen und Budgets die Kompetenz des gesamten Unternehmens genutzt? Werden langfristig angelegte Projekten die nötigen Ressourcen zugestanden? Dies sind Fragen, die man sich bei einer Betrachtung von Planungsprozessen stellen muss.

4.5.1 Anreiz- und Informationssysteme

In diesem Kapitel wurden explizite strategische Vorteile von Kooperationen thematisiert. Es wurde deutlich, dass Geschäftsführern und Vorständen von Unternehmen die entscheidende Rolle bei Konzeption und Einführung der Kooperation zukommt. Wie werden diese aber motiviert, den erforderlichen Blick über den Horizont (des eigenen Unternehmens) zu wagen? Bei den *Anreiz- und Informationssystemen* wird normalerweise zwischen monetär wirksamen und nicht-monetären Anreizen unterschieden. Materielle Anreize (extrinsische Motivation) spielen im Rahmen eines unternehmensweiten Anreizsystems eine entscheidende Rolle.[43]

Shank und Govindarjan (1993, 102) fordern Antworten auf entscheidende Fragen, wie

- Welche Indikatoren sollen die Leistung messen (z.B. Gewinn, Gewinnentwicklung, Marktanteile etc.)? Wenn mehrere Indikatoren verwendet werden, wie sollen sie gewichtet werden?
- Wie hoch soll der variable Anteil im Verhältnis zum Grundgehalt des Geschäftsführers sein?
- Welche Rolle spielen subjektive Einschätzungen bei der Entscheidung über Bonus-Zahlungen?
- In welchen Abständen (halbjährlich, jährlich...) sollen die Prämien bezahlt werden?

Wenn es strategisches Ziel eines Unternehmens ist, die Kooperation der Geschäftseinheiten voranzutreiben, sind entsprechend auch diese Fragen nach den Anreizsystemen von diesem Ziel abhängig zu beantworten.

Wenn die Zuteilung von Ressourcen erforderlich ist, könnte der grösste Anreiz sein, dass im Extremfall der Lohn eines Geschäftsführers völlig von den Ergebnissen einer anderen Einheit abhängig ist. Das Ausmass der Bereitschaft zur Ressourcenteilung durch einen Geschäftsführer steigt daher bei

- Angst vor Risiken. Eine Ressourcen- und damit Verantwortlichkeitsteilung kann eine Versicherung für den Manager sein.
- Einfluss des Ergebnisses der anderen Einheit auf den eigenen Lohn.
- Geringer Karrierenwettbewerb.

Gupta (1994) sieht drei Möglichkeiten der Holding, die Zusammenarbeit durch bewusstes Setzen von Rahmenbedingungen zu fördern (hier am Beispiel von zwei Geschäftseinheiten):

1. Ein Karriere-Nutzen, der vom Ergebnis einer Division im Verhältnis zur anderen abhängig ist.
2. Ein finanzieller Bonus, der davon abhängt, welche Performance eine Division im Verhältnis zur anderen aufweist.
3. Ein finanzieller Bonus, der davon abhängt, wie die beiden Divisionen, bei denen Synergien vermutet werden, im Verhältnis zu anderen abschneiden.

---

[43] Nicht-monetäre Anreize wie Führungsstil, Informations- und Kommunikationspolitik oder bewusst gestaltete Arbeitsinhalte (Entscheidungsspielräume etc.), die im wesentlichen intrinsisch wirksam sind, werden anschliessend im Rahmen des "Kulturkonzeptes" behandelt.

Das Anreizsystem hat zwei entscheidende Komponenten. Zunächst ist die *Höhe bzw. der Anteil* leistungsabhängiger Gratifikationen variierbar. Zum Zweiten ist die *Basis* entscheidend, nach der sich die leistungsabhängige Lohnkomponente richtet. Als "Messlatte" wird in der Literatur von zwei grossen Gruppen ausgegangen. Subjektive, oft auf Ratings basierte Beurteilungen können strategische Tätigkeiten, und damit oft langfristig wertvolle Arbeit, belohnen. Objektive, resultat-orientierte Grössen haben dagegen den Vorteil der leichten Verständlichkeit (Kriterium der Transparenz) und einfachen Umsetzbarkeit (Kriterium der Wirtschaftlichkeit).

Der variable Anteil sollte eher gering sein (bspw. 15%), da die Kooperationserfordernis eine langfristige Perspektive verlangt, die sonst zugunsten einer kurzfristigen Gewinnmaximierung aufgegeben werden könnte. Beim (quantitativen) Kennzahlenvergleich sind *drei Alternativen* grundsätzlich denkbar:

1. Eine Prämierung absoluter erfolgreicher Kennzahlen, d.h. ein Manager, dessen Geschäftseinheit einen höhere ROA, ROS etc. erwirtschaftet, erhält c.p. einen höheren Bonus.
2. Es wird die Entwicklung im Vergleich zu einer vorherigen Periode beurteilt. Eine Geschäftseinheit, die ihr Resultat stärker verbessern konnte als andere, wird c.p. als erfolgreicher beurteilt.
3. Es wird ein Vergleich mit Budgetkennzahlen vorgenommen und eine Übererfüllung der Budgets wird prämiert.

Wenn interner Austausch bei Ihnen eine entscheidende strategische Bedeutung hat, sollten Sie sich für die dritte Variante entscheiden. Nur diese Wahl unterstützt eindeutig die auf Kooperation zwischen den Geschäftseinheiten des Unternehmens ausgerichtete Unternehmensstrategie, da nur bei Anwendung dieser Option eine Gesamtoptimierung stattfindet (in dem Sinne, dass ein beteiligtes Unternehmen z.B. Erträge zugunsten eines anderen Bereiches aufgibt). In allen anderen Fällen wäre eine Suboptimierung aus Sicht des einzelnen Managers rational.

Zusammenfassend lässt sich feststellen, dass das Ziel der Herausbildung persönlicher Netzwerke wahrscheinlich am ehesten mit einem Beurteilungssystem erreicht wird, das *v.a. auf qualitativen Massstäben aufgebaut* ist. Weiterhin sollte sich dieses Beurteilungssystem eher an einer verhaltensbezogenen als einer ergebnisbezogenen Beurteilung orientieren.

4.5.2 Management Development

Im Rahmen des *Management Development* lassen sich in verschiedenen Bereichen kooperationsunterstützende Rahmenbedingungen setzen. Bei der *Personalplanung* wäre beispielsweise die Abstimmung der Interessen der Netzwerkpartner denkbar. Dies könnte durch die gemeinsame Aufstellung von kurz-/mittel- und langfrisitigen Personalbedarfsplänen geschehen. Williamson et al. (1975, 27) sehen in der internen *Personalbeschaffung* die Möglichkeit, das Unternehmen durch den generierten internen Arbeitsmarkt vor Problemen/Schwankungen bzw. mangelnden Qualifikationen externer Bewerber zu schützen.[44] Dies kann durch die Einstellung auf niedrigerem Einstiegsniveau geschehen, bei der dann anschliessend die Fähigkeiten der Mitarbeiter durch "training-on-the-job" und "teaching/learning-by-doing", sowie eine unternehmensspezifische Sozialisation, weitergebildet werden.

Bereits bei den *Einstellungskriterien* sollte daher auf kooperationsunterstützende Persönlichkeitsmerkmale geachtet werden. Für zunehmend "offenere" Kulturentwicklungsprozesse (kulturelle Grenzüberschreitungen) zeigten sich in Untersuchungen v.a. Empathie und Ambiguitätstoleranz als wichtige personelle Potenziale. Diese sollten entsprechend bei der Personalauswahl operationalisiert werden. Nach Bateman und Zeithaml (1989) umfasst Ambiguitätstoleranz die "Fähigkeit, Toleranz für oft mehrdeutige, verschiedenartige und konfligierende Situationsinterpretationen aufzubringen". Diese sind umso wichtiger, je weniger fremdgesteuert Interaktionen sind und je höher der Raum für Prozesse der Selbstführung ist.

Ein "Werkzeug" zur Unterstützung dieses Prozesses im Rahmen der Personalentwicklung ist die *"Job Rotation"*. Diese fördert das gegenseitige Verständnis (und damit die Motivation) für die Funktionsweise und die Erfordernisse des Partnerbetriebes. Damit werden die Grundlagen für gute Mitarbeiterbeziehungen zwischen den Leitungen und Belegschaften der kooperierenden Firmen geschaffen und "der Festigkeitsgrad der Kooperation, die Leistungs-, Arbeitsplatz- und Wettbewerbssicherung gesteigert" (Schmidt, 1975, 43f). Insbesondere, wenn es darum geht, dass die Führungskräfte verschiedener Teileinheiten wechselseitig Werte assimilieren und sich so etwas wie eine gemeinsame Wertebasis bilden soll, gewinnen Personalrotationen "eine wachsende Bedeutung als aktorenorientierter Ansatzpunkt zur Beeinflussung des Entscheidungsverhaltens der Teileinheiten" (Ringlstetter, 1995, 228).

Das zweite wichtige Persönlichkeitsmerkmal, *Empathie* ("Role Taking"), ist die Fähigkeit zum Perspektivenwechsel und zur Antizipation der Erwartungen von Interaktionspartnern. Als soziale Sensibilität stellt sie ein grundlegendes kooperationsförderndes Merkmal dar. Empirische Untersuchungen zeigen hier Zusammenhänge mit der Ähnlichkeit der Interaktionspartner auf, der Dauer ihrer Beziehung und der Stellung in der Arbeitsgruppe.

Die *Personalentwicklung* kann versuchen, die Kooperationsfähigkeit und -motivation weiter zu fördern: "im Hinblick auf die integrierende, steuernde Funktion des Management-Development-Systems kann eine strategisch unterstützte

---

[44] Nach Lado/Wilson (1994, 713) ist gerade bei firmenspezifischen Fähigkeiten der Nachteil von Informationsasymmetrien (vgl. Kap. 5.6.1.3) besonders gross, da in diesem Fall das Unternehmen erst *nach* der Anstellung die Qualität des Bewerbers beurteilen kann.

Personalentwicklung (z.B. durch Laufbahnplanung) zur Bewusstmachung der Interdependenzen innerhalb des Konzerns beitragen" (Gleissner, 1994, 208). Diese erhöht durch wechselnde Perspektiven einerseits das konzerninterne Beziehungsgeflecht und die Kenntnisse über Aktivitäten und Perspektiven der einzelnen Bereiche. Andererseits schützt allein die Ankündigung eines möglichen Wechsels in andere Bereiche vor (mindestens offen) opportunistischem Verhalten, da die alte Weisheit "man sieht sich immer zweimal" greift.

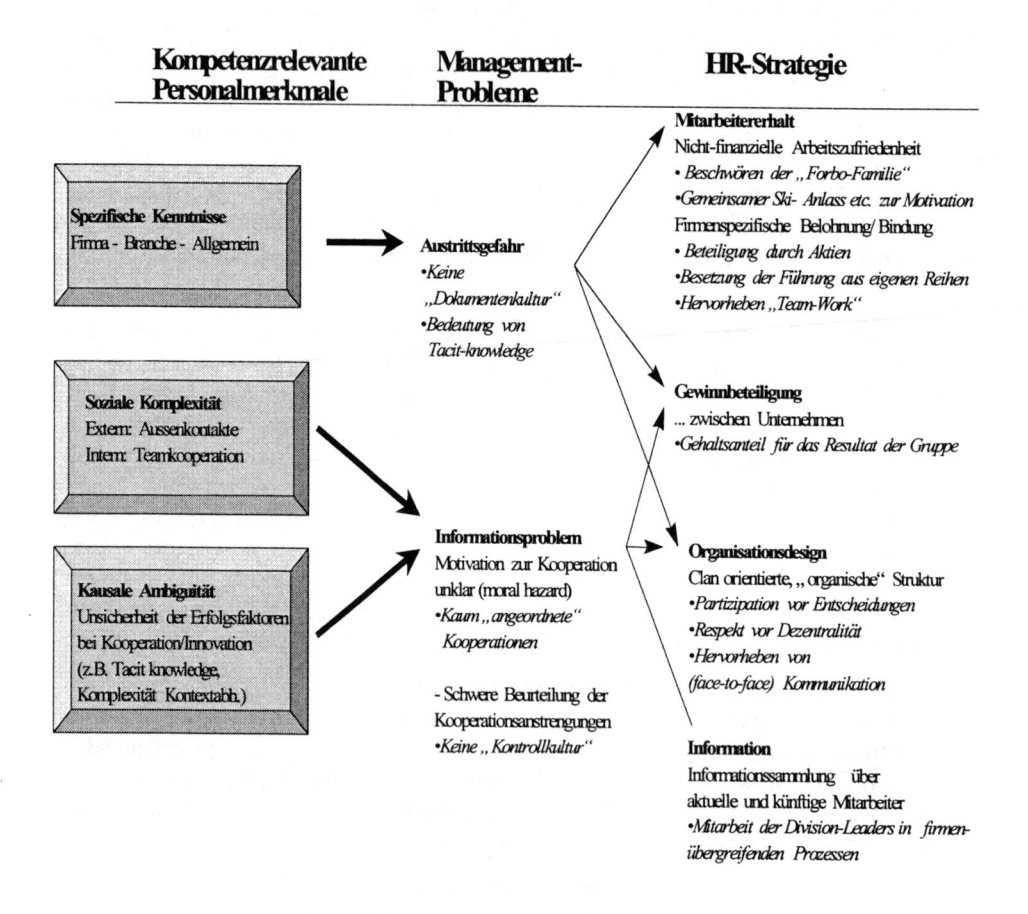

Kompetenzrelevante Personalmerkmale	Management-Probleme	HR-Strategie
Spezifische Kenntnisse Firma - Branche - Allgemein	**Austrittsgefahr** • Keine „Dokumentenkultur" • Bedeutung von Tacit-knowledge	**Mitarbeitererhalt** Nicht-finanzielle Arbeitszufriedenheit • Beschwören der „Forbo-Familie" • Gemeinsamer Ski- Anlass etc. zur Motivation Firmenspezifische Belohnung/ Bindung • Beteiligung durch Aktien • Besetzung der Führung aus eigenen Reihen • Hervorheben „Team-Work"
Soziale Komplexität Extern: Aussenkontakte Intern: Teamkooperation	**Informationsproblem** Motivation zur Kooperation unklar (moral hazard) • Kaum „angeordnete" Kooperationen - Schwere Beurteilung der Kooperationsanstrengungen • Keine „Kontrollkultur"	**Gewinnbeteiligung** ... zwischen Unternehmen • Gehaltsanteil für das Resultat der Gruppe
Kausale Ambiguität Unsicherheit der Erfolgsfaktoren bei Kooperation/Innovation (z.B. Tacit knowledge, Komplexität Kontextabh.)		**Organisationsdesign** Clan orientierte, „organische" Struktur • Partizipation vor Entscheidungen • Respekt vor Dezentralität • Hervorheben von (face-to-face) Kommunikation **Information** Informationssammlung über aktuelle und künftige Mitarbeiter • Mitarbeit der Division-Leaders in firmenübergreifenden Prozessen

Abbildung 39: Unterstützung des Kompetenzaufbaus durch den Personalbereich

Der linke Bereich zeigt Eigenheiten der "Human Assets", die - aus ressourcenorientierter Sicht - Grundlage eines Wettbewerbsvorteils sein können. Diese korrespondieren allerdings mit den Schwierigkeiten (mittlere Spalte in der Abbildung). Diese Auflistung der Management-Probleme ist nicht abschliessend, weist aber auf generelle Dilemmata beim Aufbau von – die Kooperation tragenden – Humanressourcen hin. Rechts werden Massnahmen im Rahmen einer HR-Strategie dargestellt. Die kursiv aufgeführten Beispiele wurden von einem Unternehmen entwickelt, das versucht, bewusst über Massnahmen im Personalbereich den Kompetenzaufbau zu unterstützen.

4.5.3 "Kulturelle" Komponenten der Kooperation

Verschiedene Teile der personalzentrierten Strategie sind dem im folgenden Kapitel besprochenen *Kulturbereich* zuzuordnen. Seit den Arbeiten von Peters und Waterman (1982) ist eine funktionierende Kultur in den Blickpunkt des Interesses der Forschung gerückt. Oft kann gerade die langfristig gewachsene Kultur einen einzigartigen Wettbewerbsvorsprung erzeugen, wenn beispielsweise Werte wie Vertrauen oder Offenheit in ihr verankert sind. Vertreter eines interpretativen Ansatzes (Weick, 1979) verneinen eine objektiv existierende Umgebung und setzen dieser entgegen, "that organization and environment are enacted through the collective action of top-management team, the collective interpretation and assignment of meaning to those actions, and the selection and retention of those actions that make sense to the organizational members" (Lado/Wilson, 1994, 703). Lado/Wilson sehen in diesem *einzigartigen*, *kreativen* und *evolutionären* Prozess das Potential zum dauerhaften Wettbewerbsvorteil. Gerade durch Modelle, Symbole, Analogien, Metaphern und andere "Werkzeuge der Objektivierung" (Schulz/Luckmann, 1985) lässt sich implizites persönliches Wissen in objektiv expliziertes und organisationsweites Wissen überführen. Ein organisationaler Sozialisierungsprozess trägt so zum Wissen um die tiefenstrukturell eingebetteten organisationalen Systeme, Routinen und der Kultur bei.

Unternehmenskultur kann eine Integrations- und Koordinationsfunktion haben. Es herrscht weitgehender Konsens darüber, dass Innovation durch kooperative Neukombination von Wissen und Erfahrung geschieht – und Meinungsverschiedenheiten zu der Wissenserweiterung durchaus beitragen. Dennoch erfordert der Austausch und die dafür erforderliche Kommunikation einen zumindest teilweise geteilten Kontext der Austauschpartner (Nahapiet/Ghoshal, 1998, 253).

Es geht bei Kompetenzaufbau aus kultureller Sicht um zwei ganz entscheidende Ziele:
- Das kooperationshindernde Konkurrenzgefühl muss gemindert werden
- Der Zusammenhalt muss durch verbindende Elemente der einzelnen Teilunternehmen erhöht werden

Die Konkurrenz unter den Geschäftseinheiten lässt sich grundsätzlich durch drei Massnahmen reduzieren (Friedkin/Simpson, 1985, 379):

1. Erwartungen der Verantwortlichen, dass genug Ressourcen zur Erreichung der eigenen Ziele vorhanden sind.
2. Formale Beschränkungen (durch Gesetz oder klare Normen), welche die Entscheidungsfreiheit der Verantwortlichen einschränken und damit das Interesse der Verantwortlichen an einer Konkurrenzierung mindern.
3. Informeller Druck, der den Wert der Kooperation betont und damit das Ausmass und die Form der Konkurrenz beschränkt.

Bei diesen Massnahmen handelt es sich um subjektiv/informationsbedingte Massnahmen, die die Identifikation mit den Zielen der Untereinheiten verringern können. Ausserdem können kontextuale Faktoren ebenfalls die Identifikation mit den Subunits einschränken. Hier sehen Friedkin/Simpson (1985, 381f) zwei Möglichkeiten:

1. Eine Minderung der Unsicherheit. Niedrigere Unsicherheit ist wichtig, da sonst Alternativen eher auf Basis politischer oder partikularer Interessen als analytischer oder universaler Kriterien verglichen werden.
2. Eine Erhöhung der Interdependenz der Subunits.

Der Zusammenhalt und die Abhängigkeit der einzelnen Teileinheiten wird besonders durch verschiedene Arten der Kommunikation sichergestellt. Hamel (1991) fordert zum Aufbau von Kompetenzen und organisatorischem Wissensaustausch erstens eine *Lernorientierung*, zweitens *Transparenz des Wissens* und drittens *Lernfähigkeit*.

Die folgende Tabelle zeigt beispielhaft die potentielle Wirkung kulturbezogener Anstrengungen auf Komponenten des organisatorischen Wissensaustausches:

Faktor	Kulturelle Massnahmen und Kommunikationsmittel
Lernorientierung	▪ Schilderung erfolgreicher Kooperationsvorhaben im Rahmen von Geschäftsführertreffen und im Mitarbeitermagazin ▪ One Company – Bewusstseinsstärkung z.B. durch gemeinsame Namensbestandteile, Logo, Sponsoring ▪ Offene Türen intern (Mitarbeiter) und auch extern (Konkurrenten) ▪ "Walking around"- Philosophie der Unternehmensleitung
Transparenz des Wissens	▪ Teilung von Informationen: Information der Arbeitnehmer über Leistung des Konzern und Forderung nach Offenheit auch den Betriebsgesellschaften gegenüber Arbeitnehmern ▪ Gemeinsame Workshops auf den Geschäftsführertreffen ▪ Wissensaustausch durch strukturelle Zusammenarbeitszwänge, z.B. durch Markt- und Produktsegmentierung ▪ Koordinationstreffen mit Holdingmitarbeitern, die eine Moderatorenfunktion übernehmen ▪ Mitarbeiter-Magazin und Unternehmenszeitschriften ▪ Datenbank
Lernfähigkeit	▪ Markt- und/oder technologische Ähnlichkeiten der operativen Gesellschaften erlauben Beurteilung der Lernmöglichkeiten ▪ Lange Dauer der Mitarbeit ermöglicht Unternehmenskenntnis ▪ "Neugierde" und Interesse als Bestandteil der Kultur

Abbildung 40: Organisatorischer Wissensaustausch durch Kommunikation und Kultur

Lassen sich Kulturen aber "entwickeln", wie ein derartiger Ansatz nahelegt? Eine in diversifizierten Unternehmen anzutreffende Komplexität fordert einen hohen Grad an Selbstorganisation, denn "in einer komplexen, sich ständig in nicht vorhersehbarer Weise ändernden Umwelt sind laufend Adjustierungen und Anpassungen einer so grossen Zahl von Faktoren erforderlich, um die Lebensfähigkeit und die Effizienz einer Unternehmung sicherzustellen, dass diese Leistung nur von polyzentrischen selbstorganisierenden Systemformen erbracht werden kann" (Probst/Malik, 1981). Eine - sehr aktuelle – Massnahme, Selbstorganisation durch Rahmenbedingungen zu unterstützen, liegt in der Erschaffung sogenannter ("virtueller") Communities, also Gemeinschaften, die auch ohne räumliche Nähe durch Kommunikation der Mitglieder existieren. Diese Interaktionen basieren auf den menschlichen Wünschen, vier Grundbedürfnisse zu befriedigen, nämlich Interessen zu pflegen, zwischenmenschliche Beziehungen einzugehen, die Phantasie auszuleben und Geschäfte abzuwickeln beziehungsweise zu tauschen (Hagel, Armstrong, 1997, 32). Verschiedene

Grossunternehmen wie Novartis, Holderbank oder Siemens experimentieren bereits intranetbasiert mit derartigen Austauschforen, die zu einem effizienten Informationsfluss im Unternehmen führen können.

Es sollte in diesem Kapitel deutlich werden, dass eine Vielzahl von Rahmenbedingungen einen Einfluss auf die Kooperationsbereitschaft und -fähigkeit haben, so dass verschiedene Systeme im Unternehmen auf ihre "Kooperationsfreundlichkeit" untersucht werden müssen. Isolierte "Schnellschuss-Massnahmen" werden vor dem Hintergrund kompetenzunfreundlicher Rahmenbedingungen sicher ihre Wirkung verfehlen.

4.6 Zusammenfassung

Abschliessend lassen sich die Hauptaussagen dieses Beitrages in drei zentralen Thesen formulieren.

Der Kompetenzaufbau beginnt im einzelnen Unternehmen der Holding. Hier muss die Geschäftsführung in der Lage sein, Kompetenzen auf- und auszubauen. Um wirklich gut zu sein, muss eine strategische Ausrichtung und Spezialisierung der einzelnen Unternehmen gewährleistet sein. Kompetenzaufbau ohne strategische Klarheit funktioniert nicht.

Die Rahmenbedingungen des Kompetenzaufbaus müssen stimmen. Nur wenn die Beziehungen der Kompetenzträger/Unternehmen in Ordnung sind und der strukturelle Aufbau der Kommunikationsbeziehungen relevante Kompetenzträger einschliesst, kann es zum unternehmensübergreifenden Kompetenzaufbau kommen.

Die Holdingzentrale muss "kompetenzfreundlich" steuern. Kompetenzaufbau ist nur möglich, wenn die Rahmenbedingungen, die von der Holdingzentrale gesetzt sind unterstützend wirken. Es wurden vier "Spielfelder" für die Holdingzentrale genannt. Diese sollten stimmen, bevor man sich auf isolierte Projekte oder "Werkzeuge" stürzt.

4.7 Zehn Leitfragen an das Management:

1. *Welche Rolle kann unternehmensübergreifender Kompetenzaufbau bei Ihnen haben?*
   Könnten Sie durch überlegenes Wissen "alleinstehenden" Wettbewerbern überlegen sein? Bei welchen Kompetenzen besteht der grösste Hebel? Sind diese in Patenten oder Dokumenten vorhanden oder weitgehend in den Köpfen der Mitarbeiter?

2. *Haben Sie unternehmerische Strukturen?*
   Fassen Sie Verantwortungsbereiche zu einzelnen Unternehmen zusammen. Etablieren Sie eine Unternehmensführung, die selbständig handeln darf.

3. *Haben Sie intern genügend Kompetenzen?*
   Wenn nicht, akquierieren Sie Unternehmen, deren Märkte und/oder Technologien einen gemeinsamen Kompetenzaufbau lohnend erscheinen lassen.

4. *Wie erkennen Sie, welche Kompetenzen in Zukunft wichtig sein und wie erkennen Sie entsprechende Wissensdefizite?*
   Bauen Sie Kontakte zu den internen Kompetenzträgern auf.

5. *Stimmen die Beziehungen der Kompetenzträger?*
   Welche "Kultur" wird von den Kompetenzträgern (das können, müssen aber nicht die Geschäftsführer der Unternehmen sein) geteilt? Welche Dinge "macht man" bei Ihnen oder unterlässt sie? Herrscht Vertrauen zwischen den Entscheidungsträgern? Wenn nicht, wie können Sie dazu beitragen, dieses aufzubauen?

6. *Stimmen die Kommunikationsstrukturen der Kompetenzträger?*
   Gibt es ausreichende strukturelle Kommunikationstreffen der Kompetenzträger (Workshops, Geschäftsführertreffen)? Bestehen "Hemmschwellen" z.b. einfach per Telefon Kontakt aufzunehmen? Ist eine Netzwerkanalyse sinnvoll, die diese Strukturen aufdecken könnte? Informieren Sie wichtige "Gatekeeper" bei Entscheidungen und nutzen deren Wissen?

7. *Stimmen die Rahmenbedingungen zum Kompetenzaufbau in Ihrem Unternehmen?*
   Welche Faktoren haben Einfluss auf den Aufbau von Kompetenzen? Wie abhängig sind ihre Geschäftseinheiten voneinander; wie dirigistisch kann damit der Kompetenzaufbau in Ihrem Unternehmen vorgenommen werden? Spielen beispielsweise eher Anreizsysteme oder Kontrollsysteme eine Rolle?

8. *Lassen Ihre Planungssysteme den Kompetenzaufbau zu?*
   Unterstützen Sie der Kompetenzaufbau? Planen Sie mit Budgets, oder werden Ihre Mitarbeiter bestraft, wenn Sie eigene Ziele nur deswegen nicht erreichen konnten, weil sie andere unterstützt haben? Sind Ihre Informationssysteme auf den Kompetenzaufbau abgestimmt? Begehen Sie nicht den Fehler, den Aufbau von Kompetenzen mit dem Aufbau grosser Datenbanken gleichzusetzen?

9. *Wie überprüfen Sie den Kompetenzaufbau?*
   Kompetenzen kann man nicht von aussen erkennen. Verlassen Sie sich auch auf Ihr Gefühl, bei der Beurteilung der Zusammenarbeit Ihrer Geschäftsführer. Und lassen Sie sich nicht irritieren, wenn Sie nicht alles im Detail wissen. Das können Sie aufgrund der Komplexität gar nicht.. Und dann wäre Ihr Netzwerk der Kompetenzträger auch nicht dynamisch genug.

10. *Wer kann Ihnen beim Kompetenzaufbau helfen?*
    Seien Sie skeptisch gegenüber den "Heilsversprechen" von Beratungsunternehmen! Ziehen Sie diese in klar definierten Bereichen heran (Informationssystem etc.), aber nutzen Sie zunächst das interne Wissen. Ein Berater kann das tiefe Wissen Ihrer Mitarbeiter nicht haben – und nur das kann einen langfristigen Wettbewerbsvorsprung garantieren.

BTI *Euro Lloyd*

www.bti-eurolloyd.de

Mit Kompetenz zu neuen Zielen: Geschäftsreise-Management mit BTI

▶ **Sie kennen Ihr Ziel. Wir wissen den Weg.** Unsere Kompetenz hat uns zu einem der weltweit führenden Geschäftsreise-Spezialisten gemacht: Mit ebenso effektivem wie massgeschneidertem Business Travel Management sorgen wir dafür, dass Sie Ihre Kompetenz weltweit einfach besser entfalten können.

Wir sagen Ihnen gern persönlich, wie Sie mit Ihrem Unternehmen neue Ziele erreichen können. Rufen Sie uns an!

BTI *Euro Lloyd*
▶ *Freecall 0800 284 46 36 (BTI Info)*

The Kuoni Travel Group

BUSINESS TRAVEL INTERNATIONAL

Vertrauen ist die Basis für Erfolg.
Jetzt und in Zukunft.

In einem sich dynamisch verändernden Umfeld können Sie auf die vertrauensvolle Zusammenarbeit mit der Deutschen Bank bauen.

Gegenseitiges Vertrauen ist das Kapital jeder erfolgreichen Geschäftsbeziehung. Es ist der Schlüssel zum Verständnis der Ziele und Wünsche unserer Kunden. Erst Vertrauen ermöglicht individuelle Problemlösungen.

Wir arbeiten hart dafür, uns das Vertrauen unserer Kunden zu verdienen. Indem wir außergewöhnliche Ergebnisse erzielen. Tag für Tag, ein Geschäftsleben lang.

Vertrauen – einer der Gründe für unser Versprechen:
Deutsche Bank. Leading to results.®

www.deutsche-bank.de

Vertrauen.

Leading to results.®

Deutsche Bank

Fünftes Kapitel

Kompetenz und Kompetenzförderung durch (zukünftige) Führungskräfte

5. Kompetenz und Kompetenzförderung durch (zukünftige) Führungskräfte

Wir kehren nun zum Anfang zurück, dem Individuum und seinen Kompetenzen. Welche Aufgabe kommt den Führungskräften in Zukunft zu bei der Förderung von Kompetenzen? Welche (neuen) Fähigkeiten sind besonders zu fördern? New Skills sind in der Praxis ganz offensichtlich ein Thema. Dies belegen etwa die Studien des Corporate Leadership Councils - einer weltweiten Vereinigung von 500 Top-Unternehmen, die wie ein Think Tank aktuelle Themen in den Mitgliederfirmen untersucht. Titel neuester Studien sind beispielsweise "Generic Competencies that Drive Organizational Development", "Identifying and Rewarding Critical Skill Acquistion", "On-line Skill Inventory as Corporate Knowledge Management Tool" oder "Skill-based Pay Methods", "Skills and Competencies for Finance Personnel". McKinsey zog sich im Mai 1999 mit sämtlichen Beratern Deutschlands für 3 Tage auf Sardinien zurück, um über neue Fähigkeiten und Skillbuilding nachzudenken. Grossunternehmen wie die Deutsche Bank, DaimlerChrysler u.a. entwerfen Programme oder gar virtuelle Unternehmen ("Selbst GmbH"), um die "Skills" und damit Kompetenz ihrer Mitarbeiter gezielter zu fördern.

Fähigkeiten, oder einfach Kompetenzen, die es erlauben, bestimmte Handlungen erfolgreich vorzunehmen, sind auch auf dem Arbeitsmarkt entscheidend. Zukünftige und heutige Führungskräfte müssen besonders vorausdenkend, ja sogar egoistisch ihre eigenen Fähigkeiten entwickeln und fördern und diese professionell einsetzen. Unternehmen zeigen ihnen häufig klar auf, dass bei unpassenden Fähigkeiten die Zukunft im Unternehmen gefährdet ist. Kommt ein neuer Manager, wird schon einmal die halbe Mannschaft ausgewechselt, weil "andere" Fähigkeiten, Ideen und Handlungen gefragt sind. Rücksicht wird höchstens noch in Form von Abfindungen genommen.

Im folgenden wird ansatzweise aufgezeigt, welche individuellen neuen Fähigkeiten in den nächsten Jahren gefragt sein werden. Der Fokus liegt auf fünf speziellen "Skills", die aus unserer Sicht die Zukunft und die Aktivitäten in Unternehmen bestimmen werden. Sie werden das prägen, was gemeinhin Employability genannt wird und sie werden damit auch Grundlage für die Kompetenz von Unternehmen sein. Es handelt sich um

- Mobilisierung kollektiven Wissens,
- Networking,
- Portfolio Work,
- Konzeptualisieren und Vernetzt Denken,
- Unternehmerische Innovation.

Die Ausführungen basieren auf drei Pfeilern:

- Der erste Pfeiler ist die Forschung zu vernetztem Denken und Handeln, zum Umgang mit Komplexität und zum Wissensmanagement an der Universität Genf, die in zahlreichen Berichten dargelegt ist (vgl. etwa Probst/Raub/Romhardt 1999, Gomez/Probst 1999, Probst/Knaese 1998).
- Der zweite Pfeiler ist das Forum für Organisationales Lernen und Wissensmanagement. Es handelt sich hier um ein Forum mit Unternehmensmitgliedern, die sich mit Fragen des intellektuellen Kapitals, den notwendigen Fähigkeiten im Wettbewerb und Lernprozessen als Gesamtsysteme auseinandersetzen. Ihm gehören an: DaimlerChrysler, Deutsche Bank, GE Capital, Holderbank, Hewlett Packard, Inselspital, Kuoni BTI, Merck, Motorola, Novartis, Roche Diagnostics, Siemens, Swisscom, UBS, Winterthur Versicherungen und Xerox. Im Rahmen dieses Forums treffen sich Vertreter aus den Firmen seit 1996 dreimal jährlich physisch sowie laufend virtuell, um aktuelle Fragen zum Thema zu diskutieren.
- Der dritte Pfeiler ist die geneva knowledge group. Dies ist ein junges Team, das Projekte zum Wissensmanagement und Kompetenzbildung begleitet. Der Fokus liegt auf der Umsetzung der konzeptionellen Arbeit in die praktische Realität.

5.1 Mobilisierung kollektiven Wissens

Die meisten Unternehmen haben heute erkannt, dass Wissen Wert bedeutet und daher wertvoll ist. Unternehmen mit herausragenden, skillträchtigen Mitarbeitern werden nicht nur in ihrem Marktwert um ein vielfaches ihres Buchwertes gehandelt, sondern weisen heute manchmal gar eine Bilanz des Intellektuellen Kapitals in irgendeiner Form aus. Auch wenn es hier um eine kollektive, organisationale Fähigkeit geht, letztlich sind es individuelle Skills, einzelne Menschen, die das kollektive Wissen mobilisieren. Führende Manager halten Investitionen in die Wissensressourcen eines Unternehmens für ungleich profitabler als solche in materielles Anlagekapital. Die Ressource Wissen ist zu einem vierten Produktionsfaktor aufgestiegen und hat somit immens an strategischer Bedeutung gewonnen. Mobilizing collective knowledge erscheint zwar letztlich als ein unternehmerisches Phänomen, aber es basiert auf individuellen Fähigkeiten. Es sind Menschen, einzelne Führungskräfte und Mitarbeiter, die das Wissen im Unternehmen mobilisieren. Die Bedeutung und Intention geht aus folgenden Aussagen klar hervor:

- "The ability to learn faster and better than your competitor will be the only sustainable competitive advantage of the future." (Arie de Geus, Royal Dutch Shell)

- "At Holderbank we are clearly committed to our decentralized structure to maintain entrepreneurial spirit. To cope with the coming challenges we have to learn continuously, exchange best practices and master the learning process." (Thomas Schmidheiny, Holderbank)
- "The biggest source of sustainable competitive advantage in the future will be our ability to create and mobilize knowledge in the interest of new products and services." (Kent Greene, BP)

Der kürzlich publizierte Bericht "Risikofaktor Wissen" (Probst und Knaese 1998) geht noch einen Schritt weiter: Wissen ist in einem wissensbasierten Wettbewerb strategisch so wichtig geworden, dass es zu einem Risiko geworden ist, das gemanagt werden muss. Fusionen und Akquisitionen sind hierzu nur ein Beispiel.

Deutsche und Schweizer Grossbanken diversifizierten im Rahmen von Akquisitionen zunehmend in den Bereich des *Investmentbankings*, wie die folgenden Übernahmen der letzten Jahre beispielhaft belegen.:

- Morgan Grenfell durch die Deutsche Bank,
- Kleinwort Benson durch die Dresdner Bank,
- First Boston durch die Credit Suisse,
- S.G. Warburg durch den Schweizerischen Bankverein
- Bankers Trust durch die Deutsche Bank

Das auf diese Weise "erkaufte" Know-how soll in Verbindung mit Wissen, Können, Erfahrung und Reichweite der Universalbank zu einem Full-Service-Angebot im internationalen Investmentbanking integriert werden.

Dabei wird häufig übersehen, dass Fusionen und Akquisitionen zwar vielversprechende, aber bezüglich "Skills" auch riskante Transaktionen sind! So besteht bspw. in hohem Masse Unsicherheit bezüglich des strategischen Werts des erworbenen Wissens. Zudem ist der Erhalt des neuerworbenen Wissens keinesfalls gesichert. Kündigungen entscheidender Wissensträger nach der Akquisition führen zur Zerstörung oder Entwertung der übernommenen Wissensbasis. Meldungen der Tagespresse im Zusammenhang mit Mergers & Acquisitions bestätigen dies. So berichtete der Tagesanzeiger im April 1998, dass im Rahmen der Fusion zwischen der *Schweizerischen Bankgesellschaft* (UBS) und dem *Schweizerischen Bankverein* (SBV) ein ganzes Anlageberaterteam kündigte und zugleich eine massgebliche Gruppe aus dem "Warrent-Bereich" sowie fünf Experten, die im "Stillhalterbereich" für rund 60 Prozent des Marktanteils verantwortlich waren, zur Konkurrenz wechselten. Das "Wall Street Journal" berichtete zur gleichen Zeit, dass in New York 23 UBS-Investmentbanker vom renommierten Wertschriftenhaus Donaldson, Lufkin & Jenrette übernommen wurden.

Der Handelschef einer Börsenbank kommentierte diesen Vorfall sehr treffend mit den Worten: "Da geht der neuen Bank sehr viel Know-how verloren."

Wenn Wissen eine derart bedeutende Rolle spielt, so wird die Fähigkeit zum Umgang mit Wissen für das Individuum schlagartig zu einem ==Erfolgsfaktor.== Führungskräfte müssen es verstehen, Wissen in einer Organisation und über die Organisationsgrenzen hinweg mobilisieren zu können. Somfy, eine französische Firma, weltweit Nummer 1 für elektrische Tore und Rolladen, verfolgt ein Programm mit dem Titel "Mobilizing Collective Knowledge". Hier geht es konkret um die Stimulierung von Innovation, die Organisation und Nutzung von Skill-Zentren zur Identifizierung von Synergien, Prozessen und gemeinsamen Erfahrungen.

Die Bausteine des Wissensmanagements (vgl. Probst, Raub und Romhardt 1997), Resultat unserer Erfahrungen im Forum für Organisationales Lernen und Wissensmanagement, geben wichtige Anhaltspunkte zur Umsetzung. Zukünftige Führungskräfte müssen in der Lage sein,

- strategische Wissensziele zu definieren,
- relevantes Wissen innerhalb und ausserhalb der Organisation zu identifizieren,
- neuartiges Wissen zu erwerben,
- bestehendes Wissen weiterzuentwickeln,
- in Zusammenarbeit mit Kollegen und Partnern durch Wissensteilung neuartige Lösungen zu finden,
- neu erworbenes Wissen auch tatsächlich zu nutzen,
- bewährtes Wissen effektiv und zukunftsorientiert zu bewahren und
- Wissen zu messen, zu beurteilen und zu belohnen.

Somfy ist hier schon lange nicht mehr allein, sich mit diesen Bausteinen konkret auseinanderzusetzen. Die Projektnamen ändern sich, die Grundidee, die Förderung der Fähigkeit mit Wissen umzugehen, bleibt:

- Schneller Zugang zu Experten: Siemens, Novartis, HP, Holderbank,
- Erhöhung der Innovation: Nokia, Boeing, Xerox, Phonak, Mettler-Toledo
- Wissenstransfer & Best Practices: Holderbank, Skandia, Roche, McKinsey
- Vermeiden von Redundanzen: Roche, Holderbank
- Einbezug des Kundenwissens: Amazon, Forbo, ABB, Siemens
- Wissensbasierte Produkte und Leistungen: Kuoni, Siemens, Xerox

5.2 Networking

Ein weit verzweigtes Netzwerk erlaubt es, relevantes Wissen zu finden und "anzuzapfen". Networker werden weniger Zeit damit verschwenden, Wissen zu erarbeiten oder zu suchen, das an anderen Stellen bereits vorhanden ist. Networking ist sowohl intern als auch extern notwendig. Antworten werden auf folgende Fragen gesucht: Wer sind die internen Experten, die mir bei der Problemlösung behilflich sein können? Wer sind die externen Wissensträger, die mir wertvolle Inputs liefern können?

Networking hilft uns aber auch, neuste Trends bereits früh zu erkennen. Was bewegt die Gesellschaft? Welches sind die Bedürfnisse der Kunden? Gibt es neue Wege zur Verbesserung der betriebswirtschaftlichen Realität? Antworten auf solche Fragen sollte niemand alleine erarbeiten. Ein Netzwerk von Experten weiss bestimmt viel mehr zum Thema, und eine Kombination von Fähigkeiten eröffnet neue Wege. Die Visualisierung in Form eines Kontakt-Diagramms (vgl. dazu die Darstellung in Kapitel 2, Abb. 7) vereinfacht den Überblick.

Der Aufbau eines solchen Netzwerkes ist langwierig. Aber auch hier gibt es verschiedene und schnellere Wege: McKinsey hat bspw. ein ausgeklügeltes System von Netzwerken über Patenschaften, informelle und formelle Netze, Retreatorganisation und Corporate University aufgebaut. In der westlichen Wirtschaft ist die Tendenz zu erkennen, ältere Manager immer früher in Pension zu schicken. Diese Menschen verfügen dank ihrer langjährigen Tätigkeiten über ein weitläufiges Kontaktnetz, das mit der Pensionierung plötzlich nicht mehr genutzt wird. Wenn sich Nachwuchskräfte einen Mentor suchen, der sie in den ersten Karrierejahren betreut und mit seinem Kontaktnetz unterstützt, profitieren beide Seiten von einer solchen Koalition: Der pensionierte Manager ist bestätigt, dass man ihn noch braucht, und dem Nachwuchs steht ein etabliertes Kontaktnetz zur Verfügung.

ABB ging hier mit der Gründung der ABB Consulting AG sehr früh neue und innovative Wege: Ältere Kaderleute gehen hier nicht einfach früher in Ruhestand, sondern ihr Erfahrungsschatz wird genutzt, u.a. im Einsatz der temporären Führungsarbeit, als Berater mit Spezialwissen, als Coach, in Öffentlichkeitsarbeit und öffentlichen Mandaten, Projektbegleitung und Ghost Writing.

Networking wird nicht nur für das Individuum als Einzelperson immer wichtiger, sondern auch für das oder die Unternehmen, in denen es arbeitet. Im Rahmen der Virtualisierung von Unternehmen müssen Arbeitskräfte von morgen in der Lage sein, ihr Unternehmen oder Unternehmensbereich in ein Netzwerk mit anderen Unternehmen zu integrieren. Nur diese Art von Networking erlaubt es, laufend neue Konstellationen zu bilden, um den Kunden möglichst optimal zu bedienen. Networking bedeutet nicht einfach starke Bande und untrennbare "Old Boys-Verbindungen", sondern "lose Kopplungen". Man kann auch von der Stärke schwacher Bindungen sprechen, weil innovative, neuartige Informationen meist in einem Netzwerk relativ loser Kontakte entstehen; denn in engen Kontakten ähnelt man sich meist zu sehr.

5.3 Portfolio Work

Der Begriff des Portfolios ist aus der Betriebswirtschaft geläufig. Ein Portfolio im betriebswirtschaftlichen Sinn ist eine Sammlung von Geschäften, Produkten oder Wertpapieren, die dank unterschiedlicher Risiken und potentieller Erträge der einzelnen Bestandteile den durchschnittlich zu erwartenden Ertrag für ein Unternehmen oder einen Investor erhöhen und das Gesamtrisiko minimieren. Das Konzept lässt sich auf die Arbeit übertragen. Wenn jemand in seinem ganzen Leben nur eine einzige Arbeit und einen einzigen Arbeitgeber kennengelernt hat, mag das karrieremässig lukrativ sein. Doch gemäss Finanztheorie geht die Person ein extrem grosses Risiko ein. Wenn die Arbeitsleistung der Person in diesem Unternehmen nicht mehr gefragt ist, ist sie weg vom Arbeitsmarkt, denn es wird ihr extrem schwer fallen, wieder eine neue Anstellung zu finden.

Portfolio Work meint also, dass der Arbeitnehmer seinen Wert oder sein Arbeitsvermögen durch ein Portfolio beruflicher Tätigkeiten zu steigern versucht. Der Portfolio Worker übt gleichzeitig mehrere Berufe an mehreren Stellen aus. Beispiele aus der Praxis wie das folgende weisen den Weg. Ein Betriebswirtschafter arbeitet in einer grossen Fluggesellschaft als Personalentwickler, und ist gleichzeitig Berater für andere Unternehmen in spezifischen Kommunikation-, Konfliktmanagement- und Teambildungs-Projekten, für die er besonderes Fachwissen und Erfahrungen mitbringt. Gleichzeitig organisiert er für ein Museum einmal pro Jahr eine Ausstellung. Daneben schreibt er auch noch einen Wirtschaftsroman, seinen zweiten bereits, nach einem erfolgreichen Start unter einem Pseudonym.

Das Beispiel zeigt, dass an den Portfolio Worker grosse Anforderungen bezüglich Selbstorganisation gestellt werden. Persönliche Portfolios mit den Fähigkeiten, Erfahrungen und Wissensbereichen können anhand eines individuellen Kompetenzportfolios erstellt werden (vgl. Eppler 1998, Probst et al 1997).

Unternehmen müssen laufend flexibler werden, um den Anforderungen des Marktes gerecht zu werden. Sie müssen sich immer wieder neu gruppieren können, um die Kundenbedürfnisse optimal zu befriedigen. Der Portfolio Worker kann prokativ agieren und den Unternehmen die gewünschte Flexibilität anbieten.

Dass es die Stelle fürs Leben nicht mehr gibt, ist nichts Neues. Wer aber weiss, dass in Europa bereits weniger als die Hälfte der im Arbeitsprozess stehenden Personen vollzeitig an einem Ort beschäftigt ist? Die Tendenz zur Teilzeitarbeit ist obendrein steigend. Gerade die neuen Formen der Arbeitsorganisation werden neue Fähigkeiten ansprechen. Das Portfolio erlaubt auch, Überlegungen anzustellen, welche Fähigkeiten und Aktivitäten weiter ausgebaut werden sollen und wie lange man mit bestimmten Fähigkeiten wettbewerbsfähig bleiben kann. In diesem Sinne kann es durchaus sinnvoll sein, Teilzeitarbeit, Telecommuting u.a. neue Arbeitsformen nicht nur aus ökonomischem Nutzen heraus zu betrachten, sondern auch mit dem Ziel der Skillvermehrung.

5.4 Konzeptualisieren und Vernetzt Denken

Managementaufgaben bestehen immer mehr darin, die Geschehnisse, Eingriffe und Entwicklungsmöglichkeiten zu konzeptualisieren. Führungskräfte müssen fähig sein, ihre Umwelt zu hinterfragen und zu interpretieren, Analyseresultate und Erfahrungen einzuordnen. Konzeptualisieren wird vielleicht die Kunst überhaupt, um die Zukunft meistern zu können (vgl. Rhodes 1994). Führungskräfte müssen fähig sein, sich eine Idee der Um-Welt zu machen sowie Modelle und Handlungstheorien zu entwickeln. Sie müssen in der Lage sein, die wichtigen Daten, Elemente und Einflüsse in ihrer Relevanz zu erkennen und in praktische Strategien und Handlungen zu leiten. Vernetztes Denken und Handeln ist hierzu eine Grundlage.

Vernetztes Denken und Handeln ist nicht neu. Heute wird jedoch häufig eine Handlungsweise gefordert, die ein integrierendes, zusammenfügendes Denken und Entscheide voraussetzt, die auf einem breiteren Horizont beruhen. Diese Denkhaltung geht von grösseren Zusammenhängen aus, berücksichtigt viele Einflussfaktoren und erlaubt, mit komplexen, paradoxen Problemsituationen umzugehen. Nicht nur in grossen strategischen Neuausrichtungen, sondern auch im Alltäglichen des Managers, erweisen sich viele Problemlösungen, die scheinbar logisch entworfen worden sind, als nicht realisierbar oder führen zu Überraschungen und Nachteilen, die man weder vorausgesehen noch gewollt hat. Wie häufig greift man sich im Nachhinein an den Kopf und kann sich nicht erklären, wie man einen wichtigen Einflussfaktor einfach übersehen konnte. Nur zu gerne schiebt man dann einen Misserfolg auf widrige Umstände im Markt, oder den unberechtigten Widerstand von Menschen. Damit ist – gerade für Führungskräfte – nichts gewonnen. Vernetzt Denken und Handeln hilft, die Komplexität zu bewältigen, ihr zumindest gerecht zu werden, Paradoxe zu erkennen und aufzulösen.

Ein gutes Beispiel ist das verwendete Bild in einem Entscheidungsprozess bei HP Europe (Abb. 41), als es um die Einführung von neuen Arbeitsformen, insbesondere des Teleworking und Hotelling, ging. Verschiedene Perspektiven wurden gleichzeitig erfasst, Essentielles kategorisiert, das Wesentliche visualisiert und aggregiert, ohne die Varietät, die Entwicklungsmöglichkeiten oder Paradoxe unzulässig zu reduzieren (vgl. auch Gomez/Probst 1999).

Paradoxe finden sich in allen Unternehmensbereichen. In der Strategieentwicklung geht es darum, lokal angepasst und global integriert zu sein, langfristiges Agieren und kurzfristiges, flexibles Reagieren miteinander in Deckung zu bringen. In bezug auf Organisation und Strukturierung des Unternehmens kennen wir alle die Spannung zwischen Dezentralisierung und der Motivation unternehmerischen Handelns auf der einen und dem Bedürfnis nach Kontrolle und der Nutzung von Synergien aus der Koordination dezentraler Einheiten auf der anderen Seite.

"Example" of Network: Telecommuting

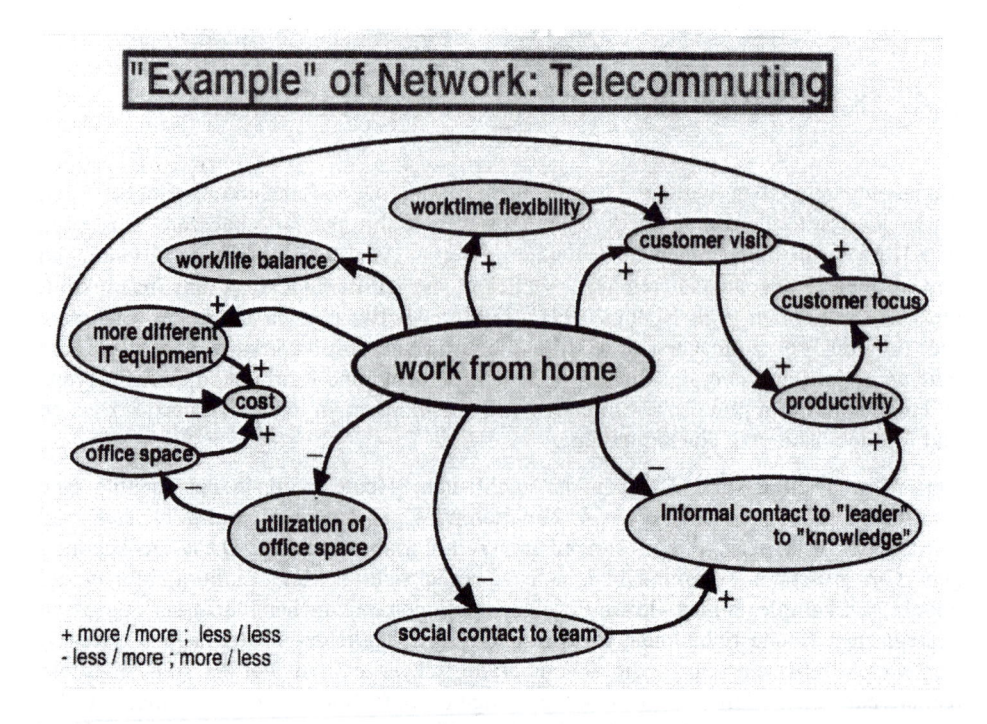

+ more / more ; less / less
- less / more ; more / less

Abbildung 41: Beispiel für vernetztes Denken: bei Hewlett Packard Europa

Unsere Reaktion auf Paradoxe ist typischerweise fast immer defensiv-reduktionistisch. Entweder werden Spannungen einfach verdrängt, oder es wird Auflösung des Widerspruchs in die eine oder andere Richtung verordnet. Auch wenn beide Reaktionsweisen im Druck des Unternehmensalltags verständlich sind, gut – das heisst der Komplexität der Problemsituation angemessen – sind sie nicht. Gerade unter Prozessaspekten nämlich kann es entscheidend werden, in der Lage zu sein, Paradoxe auszuhalten, die Widersprüchlichkeit einer Situation als solche anzuerkennen und in der bewussten Auseinandersetzung mit dem Widerspruch eine Lösung zu suchen, die beiden Seiten gerecht wird. Das vernetzte Denken und Handeln ist hierzu der Beitrag.

5.5 Unternehmerische Innovation

Innovationsfähigkeit als fünfte "New Skill" ist schon lange ein Thema. Innovation war in den letzten 200 Jahren der treibende Faktor unserer gesellschaftlichen und technologischen Entwicklung. Diese Fähigkeit gehört dennoch in die zentralen neuen Skills, denn sie hat sich radikal verändert, gewinnt wieder an Bedeutung und muss neu überdacht werden. Die Innovation wurde in der Vergangenheit dadurch geprägt, dass ein einzelner Tüftler in seinem Fachgebiet herumbastelte, bis ihm eine Innovation mehr oder weniger per Zufall "passierte". Die Welt ist heute viel komplexer, so dass Innovationen häufig nicht mehr von einzelnen Personen erzielt werden können. Es sind zweifellos immer einzelne innovative Führungspersönlichkeiten, die als Initiator und Motor der Innovation gelten. Sie sind jedoch fähig, gut funktionierende innovative Teams aufzubauen, zu motivieren und zu erhalten. Vielfach befinden sich solche Teams in einer Situation, wo Märkte bereits gesättigt sind und mit einer Weiterentwicklung bestehender Produkte keine grossen Sprünge mehr gemacht werden können. Entscheidend wird für Manager sein, den Überblick zu bewahren, Zusammenhänge zu erkennen und zentrale Inputs für Innovation und Realisierung zu geben. Brillante unternehmerische Entwicklungen und Strategien beruhen fast immer auf neuen Ideen, die mit ausreichenden Investitionen, Engagement und unternehmerischer Initiative zum Tragen und zu Erfolgen gebracht wurden.

Erfolg ist keine Garantie und erfordert nicht einfach ein weiteres Anhäufen von demselben Wissen und Handeln. Dies geht bei allem Wissensmanagement von heute meist schon vergessen. Nicht nur bestehende Best Practices sind wichtig, auch die Fähigkeit, einst erfolgreiche Practices zu vergessen, Kompetenzen fallen zu lassen, bekannte Denkmodelle aufzugeben. Bekannte Firmen haben dies erfahren müssen: IBM, vom Mainframe-Business zum Minicomputer, Digital, die Entwicklung zu kleineren und billigeren PCs, Wang, vom Wordprocessing zu WordPerfect und Word.

Innovationsfähigkeit besteht darin, Innovationen schaffen, akzeptieren und realisieren zu können. Darin eingeschlossen ist, Innovationen auf den Markt zu bringen und erfolgreich um- und einsetzen zu können. Diese Fähigkeit wird an Hochschulen – wie leider auch andere genannte Fähigkeiten – nicht oder kaum behandelt und gefördert. Immerhin wurde unternehmerisches und innovatives Handeln neu in das Programm verschiedener Universitäten aufgenommen. Ansonsten sind die Hochschulen noch weitestgehend mit technologischen Werkzeugen beschäftigt, weniger mit den notwendigen Skills.

Die Wichtigkeit der neuen Fähigkeiten ist unbestritten. Sie mögen von Unternehmen zu Unternehmen, von Branche zu Branche, unterschiedlich gewichtet werden, aber in irgendeiner Form werden die genannten fünf Skills als wesentliche Erfolgskriterien an Bedeutung gewinnen. Sie sind für die (zukünftigen) Führungskräfte von zentraler Bedeutung, um Kompetenz aufzubauen und zu fördern.

Autorenprofil

Gilbert J.B. Probst, ist ord. Professor für Organisation und Management und Direktor des Executive MBA-Programms an der Universität Genf. Er ist Gründer und Partner der geneva knowledge group und des Forums für Wissensmangement in Genf. Gleichzeitig ist er Mitglied des Verwaltungsrates der Reisebüro Kuoni AG, der Alu Menziken Holding und der Holderbank Financière Holding. Seine Buchpublikationen befassen sich mit den Themen Ganzheitliches Management, Vernetztes Denken, Systemorientierte Organisation, Organisationales Lernen und Wissensmanagement.

Dr. Martin J. Eppler ist Dozent an der Universität St. Gallen und leitet dort am Institut für Medien- und Kommunikationsmanagement das Kompetenzzentrum Enterprise Knowledge Medium, welches zusammen mit sieben Partnerfirmen Forschung im Bereich Wissensmanagement betreibt.

Dr. Arne Deussen ist verantwortlich für Strategie und Controlling und unternehmensweite Projekte bei der Firma GIRA Giersiepen GmbH & Co.KG in Radevormwald, einem führenden Hersteller designorientierter Produkte für das Elektroinstallationshandwerk.

Dr. Steffen Raub ist Assistant Professor an der School of Management, Asian Institute of Technology, in Bangkok, Thailand, und Mitbegründer des Forums für Wissensmanagement und Partner der geneva knowledge group in Genf.

Literaturhinweise

Ackoff, R.L. (1967). Management Information Systems. In: Management Science, 14: 4, S. B147-B156.

Andrews, K.R. (1971). The Concept of Corporate Strategy. Dow Jones-Irwin, Homewood, IL.

Barlett, C.A., Ghoshal, S. (1990). Managing innovation in the transnational corporation. In: Bartlett, C.A. et al., Managing the global firm. Routledge, London/ New York.

Barney, J.B. (1991). Firm Resources and Sustained Competitive Advantage, Journal of Management, 17: 1, S. 99-120.

Bartmess, A., Cerny, K. (1993). Building competitive advantage through a global network of capabilities. In: California Management Review, Winter, S. 78-103.

Büchel, B., Prange, C., Probst, G., Rüling, C. (1997). Joint Venture Management. Haupt, Bern.

Büchel, B., Probst, G. (1998). Organisationales Lernen. 2. Auflage. Gabler, Wiesbaden.

Burgelman, R.A. (1983). A Process Model of Internal Corporate Venturing in the Diversified Firm. In: Administrative Science Quarterly, 28: 2, S. 223-244.

Business Objects (1997). The Fact Gap, management crisis for the information underclass. Business Objects, Berkshire.

Butcher, H. (1997). Why Don't Managers Use Information? In: Managing Information, 4:4, S. 29-30.

Buzan, T., Buzan B. (1997). Das Mind-Map-Buch. Mvg, Landsberg.

Chandler, A.D. (1992). Organizational Capabilities and the Economic History of the Industrial Enterprise. In: Journal of Economic Perspectives, 6: 3, S. 79-100.

Chewning, E. G., Harrell, A.M. (1990).The Effect of Information Load on Decision Maker's Cue Utilization Levels and Decision Quality in a Financial Distress Decision Task. In: Accounting, Organizations and Society, 15: 6, pp.527-542.

Collis, D.J. (1994). Research Note: How Valuable are Organizational Capabilities? In: Strategic Management Journal, 15: Special Issue, S. 143-152.

Collis, D.J. (1996). Organizational Capability as a Source of Profit. In: Moingeon, B., Edmondson, A., (eds.), Organizational Learning and Competitive Advantage. Sage, London, S. 139-163.

Conner, K.R. (1991). A Historical Comparison of Resource-Based Theory and Five Schools of Thought Within Industrial Organization Economics: Do We Have a New Theory of the Firm? In: Journal of Management, 17: 1, S. 121-154.

Davenport, T.H., Jarvenpaa, S.L., Beers, M.C. (1996). Improving Knowledge Work Processes. In: Sloan Management Review, 37: 4, S. 53-65.

Deloitte & Touche Consulting Group (1996). Information Management Survey, Current Practices and Trends, Deloitte & Touche, London.

Deussen, A. (1995). Wertsteigerungsmöglichkeiten einer Mittelstandsbeteiligungsgesellschaft. Unveröffentlichte Diplomarbeit, Universität St. Gallen, St.Gallen.

Deussen, A. (1999). Kompetenzaufbau durch Kooperation im Unternehmensverbund. Dissertation, Universität Genf, Genf.

Eppler, M.J. (1997). Information oder Konfusion. Neue Kriterien für die betriebliche Kommunikation. In: io management, 5, S. 38-41.

Eppler, M.J. (1998). Informative Action: An Analysis of Management and the Information Overload. Dissertation, Universität Genf, Genf.

Forkel, M. (1996). Kognitive Werkzeuge - ein Ansatz zur Unterstützung des Problemlösens. Hanser, Berlin.

Frese, E. (1993). Geschäftssegmentierung als organisatorisches Konzept. In: Zeitschrift für Betriebswirtschaft, 12, S. 999-1023.

Friedkin, N.E., Simpson, M.J. (1993). Effects of Competition on Members' Identification with Their Subunits. In: Administrative Science Quarterly, 2, S. 377-394.

Gleissner, U. (1994). Konzernmanagement. Ansätze zur Steuerung diversifizierter internationaler Unternehmungen. Dissertation, Universität St.Gallen.

Gomez, Peter, Probst, Gilbert (1999). Die Praxis des ganzheitlichen Problemlösens, 4. Aufl., Paul Haupt, Bern.

Grant, R.M. (1991). The Resource-Based Theory of Competitive Advantage: Implications for Strategy Formulation. In: California Management Review, 33: 3, S. 114-135.

Grant, R.M. (1996). Knowledge-based theory of the firm. In: Strategic Management Journal, Winter Special Issue, S. 109-122.

Gupta, A.K.; Sudhindra, S. (1994). Horizontal Ressource Sharing: A Principal-Agent-Approach. In: Proceedings to the annual meeting of the Academy of Management, 14-17. Ebenfalls in Eigenverlag, Dallas, Texas, S. 37-41.

Hamel, G. (1991). Competition for Competence and Inter-Partner Learning within International Strategic Alliances. In: Strategic Management Journal, Summer Special Issue, S. 83-101.

Hamel, G., C.K. Prahalad (1989). Strategic Intent. In: Harvard Business Review, 67: 3, S. 63-76.

Hansen, M., Nohria, N., Tierney, T. (1999). Wie managen Sie das Wissen in ihrem Unternehmen. In: Harvard Business Manager, 5.

Harrigan, K. R. (1985). Strategies for Joint Ventures, Lexington Books, Lexington/Mass..

Hopfenbeck, W. (1989). Allgemeine Betriebswirtschafts- und Managementlehre. Moderne Industrie, Landsberg.

Huff, A. (Hrsg.), (1990). Mapping Strategic Thought. Wiley, New York.

Institute for the Future and Gallup Organization (1996). Managing Corporate Communications in the Information Age. Institute for the Future, Menlo Park.

Iselin, E.R. (1988). The Effects of Information Load and Information Diversity on Decision Quality in a Structured Decision Task. In: Accounting, Organization and Society, 13: 2, S. 147-164.

Katzenbach, J.R., D.K. Smith (1993). The Wisdom of Teams. Harvard Business School Press, Boston, MA.

Kogut, B., Zander, U. (1993). Knowledge of the firm and the evolutionary theory of the multinational corporation. In: Journal of International Business Studies, 24: 4, S. 625-645.

Kraus, H. (1990). Bieten Organisationskonzepte Lösungen für optimale Informationsversorgung? In: Bäck, H. (Hrsg.). Der informierte Manager. TÜV Rheinland, Köln, S. 31 – 41.

Lado, A., Wilson, M. (1994). Human Ressource Systems and sustained competitive advantage: A competency-based perspective. In: American Management Review, 3, S. 699-727.

Leonard-Barton, D. (1992). Core Capabilities and Core Rigidities: A Paradox in Managing New Product Development. In: Strategic Management Journal, 13: Special Issue, S. 111-125.

Leonard-Barton, D. (1995). Wellsprings of Knowledge: Building and Sustaining the Sources of Innovation. Harvard Business School Press, Boston, MA.

Lesca, H., Lesca, E. (1995). Gestion de l'information, qualité de l'information et performances de l'entreprise. Litec, Paris.

Levitt, B./J.B. March (1988). Organizational Learning. In: Annual Review of Sociology, 14:1, S. 319-340.

Mahoney, J.T. (1995). The Management of Resources and the Resource of Management. In: Journal of Business Research, 33: 2, S. 91-101.

March, J.G., Simon, H. (1958). Organizations, Wiley, New York.

McKinnon, S. M., Bruns, W. J. Jr. (1992). The Information Mosaic, Harvard Business School Press, Boston.

Nagel, K. (1990). Weiterbildung als strategischer Erfolgsfaktor. Der Weg zum unternehmerisch denkenden Mitarbeiter. Verlag Moderne Industrie, Landsberg/Lech.

Nelson, R.R. (1991). Why Do Firms Differ, And How Does It Matter? In: Strategic Management Journal, 12: Winter Special Issue, S. 61-74.

Nelson, R.R., Winter S.G. (1982). An Evolutionary Theory of Economic Change. Harvard University Press, Cambridge (MA).

O'Reilly, C.A. (1980). Individuals and Information Overload in Organizations: Is More Necessarily Better? In: Academy of Management Journal, 23: 4, 1980, S. 684- 696.

Pentland, B.T., Rueter H.H. (1994). Organizational Routines as Grammars of Action. In: Administrative Science Quarterly, 39: 3, S. 484-510.

Peters, T., Waterman, R. (1982). In Search of Excellence. Harper & Row, New York.

Porter, M.E. (1980). Competitive Strategy: Techniques for Analyzing Industries and Competitors. The Free Press, New York.

Porter, M.E. (1985). Competitive Advantage: Creating and Sustaining Superior Performance. The Free Press, New York.

Porter, M.E. (1991). Towards a Dynamic Theory of Strategy. In: Strategic Management Journal, 12, Winter Special Issue, S. 95-117.

Porter, M.E., Fuller, M.B. (1989). Koalitionen und globale Strategie. In: Porter, M.E. (Hrsg.): Globaler Wettbewerb. Gabler, Wiesbaden, S. 363-399.

Powell, W.W. (1987). Hybrid organizational arrangements: New form or transitional development? In: California Management Review, 1, S. 67-87.

Prahalad, C.K., Hamel, G. (1990). The Core Competence of the Corporation. In: Harvard Business Review, 68: 3, S. 79-91.

Probst, G.J.B. (1987). Selbstorganisation: Ordnungsprozesse in sozialen Systemen aus ganzheitlicher Sicht. Parey, Berlin. Hier auch verwendet als: Organiser par l' Auto-organisation (1994). Editions d'Organisations, Paris.

Probst, G.J.B., Raub, S., Romhardt, K. (1997). Wissen managen: Wie Unternehmen ihre wertvollste Ressource optimal nutzen. FAZ-Gabler, Frankfurt, Wiesbaden, 3. Aufl. 1999.

Probst, G.J.B., Knaese, B. (1998). Risikofaktor Wissen. Gabler, Wiesbaden.

Probst, G.J.B., Malik, F. (1981). Evolutionäres Management. In: Die Unternehmung, 1, Paul Haupt, Bern, S. 121-140.

Probst; G.J.B., Büchel, B. (1998). Organisationales Lernen. 2. Auflage. Gabler, Wiesbaden

Raub, S.P. (1998a). Towards a Knowledge-based View of Organizational Capability. Unpublished Ph.D. dissertation, University of Geneva.

Raub, S.P. (1998b). Vom Zauber des "ultimativen Wettbewerbsvorteils". Ein kritischer Blick auf den Kernkompetenzen-Ansatz. In: Zeitschrift Führung und Organisation, 67: 5.

Rhodes, J. (1994). Conceptual Toolmaking, Expert Systems of the Mind. Blackwell, Oxford.

Ringlstetter, M. (1995). Konzernentwicklung. Verlag Barbara Kirsch, München.

Schick, A.G., Gordon, L.A. Haka, S. (1990). Information Overload: A Temporal Approach. In: Accounting, Organization and Society, 15: 3, S. 199-220.

Schultz, A., Luckman, T. (1985). The structures of the life-world. Northwestern University Press, Evanston.

Selznick, P. (1957/1997). Leadership in administration. Harper and Row, New York. Reprinted in Foss, N.J, (ed.), (1997). Resources, Firms, and Strategies. Oxford University Press, Oxford.

Setton, D. (1997). Information Overload. In: Forbes, 160: 6, 22.9.1997, S. 18-20.

Shank, J., Govindarajan, V. (1993). Strategic Cost Management. Free Press, New York.

Spradley, J.P.(1979), The Ethnographic Interview. Holt, Rinehart and Winston, New York.

Teece, D.J., Pisano, G.P., Shuen, A. (1992). Dynamic Capabilities and Strategic Management. Discussion paper, Haas Business School, University of California at Berkeley, Berkeley, CA.

Thommen, J.P., (Hsrg.), (1995). Management-Kompetenz. Versus Verlag, Zürich.

Varela, F. J. (1988). Invitation aux sciences cognitives (originally published as: Cognitive Science. A cartography of Current Ideas), Editions du Seuil, Paris.

Walter-Busch, E. (1977). Labyrinth der Humanwissenschaften - Ein Leitfaden. Paul Haupt, Bern.

Weick, K. (1979). The social psychology of organizing. Addison-Wesley, Reading, MA.

Wernerfelt, B. (1984). A Resource-Based View of the Firm. In: Strategic Management Journal, 5: 2, S. 171-180.

Wernerfelt, B. (1995). The Resource-based View of the Firm: Ten Years After. In: Strategic Management Journal, 16: 3, S. 171-174.

Williamson, O.E., Wachter, M.L., Harris, J.E. (1975). Understanding the employment relation: The analysis of idiosyncratic exchange. In: Bell Journal of Economics, S. 250-277.

Wer Wissen weitergibt, hat Wissen erweitert.

"Holderbank" ist auf allen Kontinenten präsent. In über 70 Ländern wird Wissen geschaffen, vertieft und in andere Regionen übertragen. Das ist mit ein Grund, weshalb "Holderbank" einer der weltweit führenden Zementhersteller ist. "Holderbank" – eine schneller lernende Gruppe.

"HOLDERBANK"

www.holderbank.com